AF589903

Ancrées dans le Nouvel-Ontario, les Éditions Prise de parole appuient les auteurs et les créateurs d'expression et de culture françaises au Canada, en privilégiant des œuvres de facture contemporaine.
La Bibliothèque canadienne-française a pour objectif de rendre disponibles des œuvres importantes de la littérature canadienne-française à un coût modique.

Éditions Prise de parole
C.P. 550, Sudbury (Ontario)
Canada P3E 4R2
www.prisedeparole.ca

Nous reconnaissons l'aide financière du gouvernement du Canada par l'entremise du Fonds du livre du Canada (FLC) et du programme Développement des communautés de langue officielle de Patrimoine canadien, ainsi que du Conseil des Arts du Canada, pour nos activités d'édition. La maison d'édition remercie le Conseil des Arts de l'Ontario et la Ville du Grand Sudbury de leur appui financier.

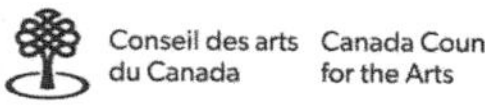

Greater Grand Sudbury

Fièvre de nos mains

suivi de

Requiem en saule pleureur

suivi de

Gymnastique pour un soir d'anguilles

suivi de

La vie prodigieuse

De la même auteure

Si longtemps déjà, Sudbury, Éditions Prise de parole, 2009.
La vie prodigieuse, Moncton, Éditions Perce-Neige, 2000, prix Antonine-Maillet / Acadie Vie.
Gymnastique pour un soir d'anguilles, Moncton, Éditions Perce-Neige, 1997.
Requiem en saule pleureur, Moncton, Éditions d'Acadie, 1986.
Fièvre de nos mains, Moncton, Éditions Perce-Neige, 1982.

Rose Després

Fièvre de nos mains

suivi de

Requiem en saule pleureur

suivi de

Gymnastique pour un soir d'anguilles

suivi de

La vie prodigieuse

Poésie

Collection « Bibliothèque canadienne-française »
Éditions Prise de parole
Sudbury 2012

Œuvre en page couverture : Louise Després-Jones, *Toile des idées*, dessin au pastel sec, 2012.
Conception de la couverture : Olivier Lasser.

Diffusion au Canada : Diffusion Dimédia

Catalogage avant publication de Bibliothèque et Archives Canada

Després, Rose, 1950 –
Fièvre de nos mains / Requiem en saule pleureur / Gymnastique pour un soir d'anguilles / La vie prodigieuse / Rose Després.
(Bibliothèque canadienne-française) Poèmes.
Comprend des réf. bibliogr. Publ. aussi en format électronique.
ISBN 978-2-89423-284-2
I. Titre. II. Titre : Requiem en saule pleureur. III. Titre : Gymnastique pour un soir d'anguilles. IV. Titre : La vie prodigieuse. V. Collection : Bibliothèque canadienne-française. (Sudbury, Ont.)
PS8557.E8412A17 2012 C841'.54 C2012-905104-7

Després, Rose, 1950 –
Fièvre de nos mains [ressource électronique] / Requiem en saule pleureur / Gymnastique pour un soir d'anguilles / La vie prodigieuse / Rose Després.
(Bibliothèque canadienne-française) Poèmes.
Comprend des réf. bibliogr. Monographie électronique en format PDF. Publ. aussi en format imprimé. ISBN 978-2-89423-496-9
I. Titre. II. Titre : Requiem en saule pleureur. III. Titre : Gymnastique pour un soir d'anguilles. IV. Titre : La vie prodigieuse. V. Collection : Bibliothèque canadienne-française. (Sudbury, Ont. : En ligne)
PS8557.E8412A17 2012 C841'.54 C2012-905105-5

ISBN 978-2-89423-284-2 (Papier)
ISBN 978-2-89423-496-9 (PDF)
ISBN 978-2-89423-806-6 (ePub)

Préface
Rose Després : la fièvre de dire

Quand est lancé *Fièvre de nos mains* le 6 avril 1982, le milieu littéraire acadien est en ébullition. L'Association des écrivains acadiens fête ses trois ans et compte deux importantes réalisations à son actif, toutes deux fondées en 1980 : une revue de création littéraire, *Éloizes*, et une maison d'édition, Perce-Neige, dont la mission est de « lancer » un auteur en publiant sa première œuvre, ce qui enlève de la pression sur les Éditions d'Acadie, l'unique autre maison acadienne, qui ne suffit plus à la tâche. Les Éditions d'Acadie conservent le mandat de publier les deuxièmes œuvres des auteurs qui persisteront. Ainsi en sera-t-il pour Rose Després.

Fièvre de nos mains

Fièvre de nos mains est le quatrième ouvrage publié par la jeune maison acadienne et le second par une femme (la première étant Dyane Léger avec *Graines de fées* en 1980). Ces femmes sont les deux premières poètes acadiennes à faire œuvre.

La couverture de ce recueil – comme celles des recueils suivants –, présente une œuvre de sa sœur, Louise Després-Jones. Pour *Fièvre*, elle utilise le dessin stylisé d'un arbre au centre duquel se fondent un corps et un visage de femme. Les trois dessins en noir et blanc placés à l'intérieur du recueil proposent des images de soleil, d'oiseaux, de femmes et de spirales, comme pour souligner le mouvement intérieur qui anime les poèmes.

Ces textes en prose posent le problème de l'affirmation, questionnent l'identité, interrogent la relation entre le collectif et l'individu, ce dans une langue dense, parfois opaque, comme un cri que Després ne contrôle pas toujours et qui jaillit presque malgré elle. Recueil sombre, mais en même temps radieux : la fièvre est un excès, mais de l'excès peut naître la lumière : « Reviens à la côte des domaines imprévus où une chaîne s'enfile grinçant les liens brûlés par les jours de forge. Le rythme, c'est une valse de goélands qui planent dans le ciel anémique. Et nous garderons la fièvre toujours » (p. 68).

Lors d'une entrevue donnée à l'occasion du lancement, Rose Després affirme : « Pour moi, la "fièvre de nos mains", c'est ce besoin de créer, de grouiller, de faire. Moi, j'ai toujours beaucoup travaillé de mes mains. Et quand j'étais jeune, j'avais une santé fragile. Cette fièvre, c'est comme s'il me fallait la prendre de l'intérieur même de ma tête parce qu'elle embrouillait mes yeux et qu'il me fallait la faire sortir par mes mains, par la création » (Entrevue tapuscrite, 1982).

Les mains sont d'ailleurs au cœur même du recueil : elles sont celles qui tiennent les allumettes (p. 27), qui recueillent (p. 28), qui prient (p. 29), qui écrivent (p. 36), qui unissent (p. 50). Ces mains sont aussi liées avec les yeux, autre substantif employé à de nombreuses reprises. Désir de prendre, de voir ce pays qu'elle souhaiterait autre.

Le recueil est narratif et témoigne du cheminement de son auteure. Il s'ouvre sur le constat qu'« on est sur une planète » (p. 25) et se termine sur une ouverture : « Les cendres de mes paysages s'éparpillent dans le vent du hasard » (p. 77).

Cette planète devient « le pays en déroute » (p. 27) et il faut faire du « ravage » pour le transformer et passer outre son aspect défaitiste, toujours marqué par la Déportation : « On a chanté à tue-tête les Ave Maris Stella et les gloires à ceux-ci, les hymnes à ceux-là, assis dans une grande barque sans capitaine, le drapeau déchiré. Une guenille rit la tête fendue, des éclats secouent les vagues et le navire sans équipage. » Le premier sentiment en est un d'impuissance : « Les cordons de l'histoire enterrent l'ancre et nouent la force de nos bras » (p. 31).

Face aux « silhouettes tristes », la poète constate : « Je ne vois rien en vous que l'ombrage de ce que jamais je ne voudrais être » (p. 32). La quête, qui commence par ce qu'elle ne veut pas être, la conduira à une affirmation, si fragile soit-elle. Elle doit vaincre sa peur, affirmer sa « révolte qui naît de cette saison fiévreuse » (p. 53) qui la stimule.

Entre les deux, son cheminement devient intérieur et il lui faut larguer « les amarres » pour que « tambourent les cochers endiablés jusqu'aux rives de l'absolu » (p. 40).

Elle utilise plusieurs images surréalistes, comme s'il lui fallait dépasser le concret pour exprimer ce qu'elle ressent. Mais à chercher l'image qui peut rendre compte de ce qu'elle vit, elle se perd parfois dans un verbe abstrait qui l'éloigne de son propos. On sent une écriture qui se cherche, qui s'inscrit dans une mouvance originale en Acadie, plus proche de Dyane Léger – dont les poèmes sont également teintés par le surréalisme –, et de France Daigle – dont la démarche est résolument formaliste et qui, avec *Sans jamais parler du vent, roman de crainte et d'espoir que la mort arrive à temps*, publié en 1983, s'invente un genre mi-roman mi-poésie.

En s'en prenant à l'Histoire, Després apporte une vision que n'exploitait pas les Raymond Guy LeBlanc, Herménégilde Chiasson ou encore Léonard Forest. Sa poésie se fonde sur l'Histoire et sur sa volonté de s'affirmer comme femme à la recherche d'une liberté qui lui permettrait de dépasser ses peurs. Elle ne veut plus baiser « la peur et la bague de l'évêque » (p. 54). Elle veut revenir « à la côte des domaines imprévus où une chaîne s'enfile grinçant les liens brûlés par les jours de forge » (p. 68).

Sur sa vision de l'histoire, elle dit ceci : « On a charrié le bagage de misères qui fait partie de notre histoire. C'était acquis, sous-entendu, incontournable. C'était normal d'avoir de la misère, d'être pauvre, de souffrir. Mon premier recueil, je l'ai écrit pour me débarrasser de ce passé qui semblait agrippé à nos vies, pour voir clair dans l'écriture. À partir d'un premier recueil, il me devient possible de m'abandonner à la créativité de façon beaucoup plus vaste, beaucoup plus visionnaire » (Entrevue tapuscrite, 1982).

Sa poésie se fonde sur son intimité dans une tentative de se dire sans fioriture et, surtout, sans chercher à se cacher derrière ce qu'elle écrit : « Produire une œuvre, c'est une sorte d'accomplissement. Il y en a qui hésitent parce que c'est laver son linge sale en public. Tu te sens toute nue entourée de gens qui sont habillés. Tu arrives sur la scène et on est capable de me découvrir. C'est ce qu'on fait quand on nous lit. Dans ce que j'écris maintenant, je dépasse cette petite peur d'être découverte. Je veux que ce que j'écris devienne une réalité plus évidente de ce que je suis. Je veux moins me gêner. Je ne veux plus me cacher. On a tous plusieurs visages, et ces visages, je veux tous les exploiter. À travers tous ces essais, tous ces masques, il y a un jeu possible. Je me sens plus à l'aise de dire des choses qu'il m'était honteux d'écrire. J'écrivais des choses et je les cachais tout de suite. Je n'osais même pas penser que j'avais réellement dit ça. Là, je me dégêne. J'ai comme dépassé la peur de m'exposer. Je ne veux plus passer par des symboles ou par des camouflages. »

REQUIEM EN SAULE PLEUREUR

Requiem en saule pleureur, qui paraît en 1986 aux Éditions d'Acadie, va approfondir sa démarche et lui permettre de dévoiler ce qu'elle avait gardé caché dans le premier recueil. En 1978, son mari et sa fille décèdent. Le deuil sera long. En exergue, ces vers de Gaston Tremblay annoncent la démarche : « Je ne porterai plus de noir. / Je ne subirai plus ton deuil. / Je ne serai plus ta veuve. / J'irai plutôt à la ville / pour m'acheter une belle robe / de crêpe rouge. »

Lors du lancement, Rose Després précise : « C'est un chant, une louange d'amour pour mon mari qui est mort ainsi que notre fille Sarah qui m'ont quittée depuis quelques années. Toutefois, tout l'acheminement psychologique, le deuil, si tu veux, s'est transformé par l'écriture pour arriver à une libération de ces contraintes-là » (*Le Matin*, 25 septembre 1986).

Le recueil s'organise autour du poème éponyme, dont

la facture est différente des autres poèmes. C'est le seul à parler directement du drame qu'elle a vécu : « J'ai devancé le cortège qui te portait trop lentement. Mon sang coule encore vers ton océan, ta souffrance me navigue sur une vague de perles tumultueuses. Ta rancœur laisse des cicatrices sur mon cou pendant que toi, le pendu, tu te fixes une place dans le cinéma réincarné » (p. 123). Chant qui se termine par la résilience : « Replaçant l'espoir au centre de notre furie, je transcenderai enfin ta mort » (p. 124).

Plus hermétique que *Fièvre*, *Requiem* est aussi plus personnel. Le pays cède le pas à la nécessité de faire face : « On marchande avec l'avenir qui débouchera d'un cauchemar oublié à l'aube incertaine. L'éclat de cent années-lumière éblouit la chambre couveuse où nous éjaculions des galaxies turquoise. Mais j'ai un satellite au lieu du cœur. Une famine coagule mon sang que l'aurore soulève en confettis jusqu'au cosmos » (p. 90).

Ce sentiment d'être vidée de son être, d'être éparpillée dans l'univers la contraint sans qu'elle se sente capable d'agir : « À vouloir briser l'incertitude, mon discours se vide, et je rage en silence, les yeux en harpons » (p. 94).

Une fois de plus la colère, la révolte la mènent. La douleur de la perte des êtres aimés est vive et plusieurs des poèmes se fondent sur son état affectif : « Revenue d'ailleurs, errante, j'hermétise la parole qui ne m'habite plus. La répression, l'insomnie, me figent dans un état larvaire. Dans mes bousculades nocturnes, je suis une convulsive qui bannit les fusions et qui meurt de faim. Tordue de dérision » (p. 115). Elle a l'impression d'être impuissante : « Je rédige la mienne [ma vie], retournant les épisodes comme des mégots » (p. 113).

Le choix des images, en particulier cet appel au

surréalisme pour laisser émerger ce qu'elle ressent, a un effet libérateur. Si les phrases sont souvent complexes à déchiffrer, on ressent la pulsion qui habite l'auteure. Ce recueil est un long cri: «Je suis venue fracasser le soleil, jeter au fond du précipice les mirages endormis, transformer le fruit défendu afin qu'on puisse le dévorer» (p. 125).

Les mots claquent, les sentiments explosent, le requiem se transforme en une libération toute relative: «Sous les ongles, dans la chair et jusqu'aux os, le même cliquetis des squelettes s'accorde au rythme d'un orchestre perdu dans la jungle froide. [...] Un soleil dangereux chauffe dans mon ventre qui ne se remplira, qui ne se videra peut-être jamais. Défoncée comme le reste des illusions, je continuerai pourtant à valser devant leurs faces effacées» (p. 126).

Un long silence suit la publication de *Requiem*. Active dans le milieu culturel, Després a publié régulièrement dans des revues entre les deux premiers recueils, a participé à de nombreuses soirées littéraires dans différents pays. *Requiem* marque une rupture dans son œuvre, comme dans sa vie. Si le deuil est fait, sa vie affective n'en est pas pour autant harmonieuse. Sa rencontre avec celui qui deviendra le père de sa fille Nathalie, née en 1993, va l'entraîner bien loin de la littérature.

Gymnastique pour un soir d'anguilles

Cette «retraite» de la vie littéraire, moitié fortuite, moitié désirée, et qui durera près de dix ans, va permettre à Després de renouveler son écriture. Les poèmes en prose cèdent la place à des vers et si elle fait encore appel à des images surréalistes, ce ne sera plus le fondement de son style.

Après un long silence, Després fait paraître un premier texte dans la revue *Éloizes* à l'automne1991, texte qu'on retrouve dans *Gymnastique pour un soir d'anguilles* (publié en 1996), qui marque son retour aux Éditions Perce-Neige – dont la mission a été modifiée en 1990 et qui n'est plus uniquement la maison « du premier recueil », mais une véritable maison d'édition. La maison jouera un rôle fondamental dans l'édition en Acadie, en particulier en poésie.

Le titre d'un des poèmes « À mordre le présent », exprime clairement là où Després en est dans sa vie et dans son art.

Le recueil s'ouvre et se ferme sur le rappel de la mémoire de David, son mari décédé, un deuil qui traverse de diverses façons les trois recueils. Le premier poème répond à l'exergue de *Requiem* : « Le rouge / est rouge / était trop rouge / Ma robe de veuve, je l'ai teinte / puis raccommodée / déchirée et enfin / jetée » (p. 131). Le dernier s'intitule « Cher David » : « Y'a fallu que tu retires ta coquille d'horreur pour me parler / Y'a fallu que je déchire ma vie à l'envers pour t'entendre / On a tellement joué avec la mort qu'on ne savait plus vivre ». Elle fait alors le choix de la vie, exprimé dans les derniers vers du recueil : « Je reviens de ce voyage en haute mer turbulente, / dangereusement ravivée » (p. 175).

Si *Fièvre* était le recueil de la colère, *Requiem* celui de l'acceptation de la mort de David, *Gymnastique* est celui du début de la libération du deuil. Rien n'est encore assuré, l'angoisse et le tragique de l'existence demeurent. On sent la fragilité de l'être en même temps que sa détermination à faire face à ses démons : « La déception et l'illusion fermentent encore » (p. 137).

Ce deuil l'a privée d'une bonne partie du sens qu'elle donnait à la vie. Le temps lui échappe ou, du moins, elle n'en a plus le contrôle: «Dans mes sens, ailleurs et en même temps, le passé s'est dépensé à courir après l'avenir» (p. 132). Coincé entre ce qui a été et ce qui pourrait être, le présent est douleur, déchirement, lieu d'angoisses. On est en quelque sorte en plein centre d'une dépression: «Toi, tu n'as jamais dénoncé l'avenir avec un présent muet» (p. 163), avoue-t-elle en s'adressant à «chère Lina». Rose Després tente d'habiter ce présent muet par l'écriture et, par conséquent, de lui redonner une réalité autre que celle d'être ce point de passage entre le passé et l'avenir.

Elle tente d'aérer «le quotidien trompeur» (p. 160). La poète plonge en elle-même, cherchant à «changer de peau / chavirer le rythme / déménager de cosmos». Elle ira jusqu'à «écrire la nuit pour ne pas maudire le jour» (p. 169), même si «la nuit ne porte pas conseil / mais conflit / confusion / et miasme» (p. 170).

Les images sont lourdes, l'atmosphère suffocante. Les phrases se heurtent comme se heurtent les vies, comme se fracassent les émotions. Le vocabulaire exprime un univers en proie à la lutte que se livrent espoir et désespoir, les mots de la désespérance l'emportant en nombre, mais ceux de l'espérance orientant le sens de la démarche. Car, malgré tout, la vie renaîtra de la mort. Il lui faut donc réapprendre à vivre.

Le recueil est dédié à trois amis décédés et plusieurs des poèmes ont pour titre le prénom de personnes, précédé d'un «cher», cette épithète spécifique à la correspondance, amies de Després ou tout simplement présentes dans son univers, comme ce texte à Émile Nelligan. Cet appel aux proches ouvre un second niveau de lecture, qui ne peut se révéler qu'aux lecteurs qui savent qui elles sont. Pour les autres, la couleur autobiographique s'atténue pour laisser toute la place au caractère initiatique du recueil. L'amitié qu'elle éprouve pour ses amis semble lui donner le courage de s'affronter : « Notre amitié reprend le rythme du moment revenu, / des plumages toujours nouveaux pour les migrations à venir », affirme-t-elle dans le poème « Chersamis » (p. 157).

Cette volonté de s'appuyer sur les êtres qu'elle aime s'accompagne de l'évocation de certains de ses voyages en Louisiane, en Espagne, en France et au Québec, dans lesquels elle cherche à définir sa propre citoyenneté qui demeure problématique : « J'appartiens à une race sans spécificité, mais une forte louange passionnelle défend nos gestes incompris » (p. 134).

D'un nom à l'autre, d'une rencontre à l'autre, d'un voyage à l'autre, la poète approfondit sa réflexion sur la vie, sur sa vie. Les textes s'enchaînent, formant une large spirale qui passe de la nuit au jour, du désespoir à un maigre, mais réel espoir.

La vie prodigieuse

Lancé le 29 septembre 2000, *La vie prodigieuse*, publié par Perce-Neige, continue la démarche de *Gymnastique*. L'écriture s'est décantée, simplifiée. Si Després utilise encore des images surprenantes que l'on pourrait rattacher au surréalisme, elle s'en sert avec mesure, ne les laissant plus éloigner le poème du lecteur. Son vers, souvent court et précis, se construit autour de verbes d'action : le temps n'est plus au repliement sur soi, mais à l'ouverture à l'autre, à cette « vie prodigieuse [qui] nous offre une lueur grandissante » (p. 298).

Dans une entrevue accordée à Isabelle Lacroix de *L'Acadie Nouvelle*, elle précise ce que représente pour elle ce recueil : « *La vie prodigieuse* part du projet. Elle aboutit à la fin du projet. Ce n'est pas la vie prodigieuse que je retrouve à l'intérieur du livre, c'est la vie prodigieuse qui s'annonce à partir du livre. Le livre précède la vie prodigieuse. À partir du fait que ce livre-là va être fini, c'est la vie prodigieuse qui commence. Il ne faut pas s'attendre que l'intérieur du livre, c'est des fleurs et des jardins. C'est un petit peu plus féroce que ça. »

La vie prodigieuse s'ouvre sur une question : « Nous pourrions peut-être vivre sans poésie, mais pourquoi le ferions-nous ? » (p. 183) et se termine par une affirmation : « Le réveil si palpable / si proche / est possible » (p. 298). Entre les deux, une réflexion sur le sens de la vie et sur le rôle nécessaire de l'écriture poétique, qui permet cette recherche de sens.

Le recueil se divise en trois temps, dont les sous-titres « Prise 1 », « Prise 2 » et « Prise 3 » sont peut-être empruntés au langage cinématographique. Au cinéma, les prises signifient le nombre de fois que l'on filme une même scène. Dans ce cas-ci, les trois « prises » représentent autant de tentatives d'atteindre une harmonie intérieure, la troisième étant la bonne. On pourrait aussi penser au baseball. Mais, contrairement au baseball, ce n'est pas le frappeur-poète qui est retiré, mais la mort. Pas nécessairement la mort physique, mais celle, plus insidieuse, de la désespérance.

« Prise 1 » s'articule autour du rapport à l'autre, et en particulier cet autre qui fut l'être aimé : « J'attends un amant qui ne reviendra pas / qui n'existe plus / qui de toute façon / ne me disait rien » (p. 198). Entremêlé à ce retour douloureux dans le passé, l'espoir que suscite cette rupture dont la poète a assumé les conséquences: «Maintenant l'éventail déploie ses ailes/courbe le dos du cerf-volant magnifique/pointe du doigt la vie prodigieuse qui se dévoile» (p. 204).

«Prise 2» nous mène au cœur de l'imaginaire de Rose Després, dans cette «ruelle cachée» (p. 223) qu'est son être. Il s'agit de déloger les souvenirs, d'affirmer son intégrité, de «découvrir l'aube étonnante» (p. 242), de se faire plaisir, de redécouvrir l'amour, de ressentir la passion, de «reprendre la route» et de l'habiter d'une routine qui «ne sera plus banale ou cynique» (p. 247).

«Prise 3» est porteur d'un espoir dans lequel «[l]a fière dignité de notre passion tenace/la justesse de nos paroles/transformera plus que le papier» (p. 267). L'écriture devient la façon de rendre compte de la vie. La poète sort du cocon qu'est son passé, «les ailes de l'été/déployées» (p. 285). Elle se laisse emporter par sa «fureur de dire» (p. 290), redécouvrant dans son passé des forces qu'elle n'avait pas su discerner, renouant avec ses parents, ouverte à l'inattendu, prête à se laisser porter par ses rêves.

Maurice Raymond, dans sa critique parue dans la revue *Éloizes*, avait remarqué que le recueil présente un arrangement numérique double: 99 textes répartis en trois parties, respectivement de 33, 37 et 29 poèmes. Maurice Raymond de commenter: «Le nombre final (99) amène le texte global aux portes de la perfection ou, comme le dit explicitement le titre du dernier poème "Au bord du précipice": «Ensemble nous sautons dans le vide/[...] Le réveil si palpable/si proche/est possible» (p. 298).

L'illustration de la page couverture, signée par sa sœur Louise Després-Jones, montre un phénix au centre de flammes rouges. Le feu purificateur, le phénix qui renaît de ses cendres. Au tout début du recueil, Rose Després se demande: «Sommes-nous des étincelles / du grand brasier qui dévore tout / le grand destructeur qui rase / puis régénère l'émerveillement?» (p. 186) Ce recueil propose une belle et forte réponse à la question.

La vie prodigieuse a valu à Rose Després le prix Antonine-Maillet / Acadie Vie 2001. Le jury a justifié ainsi son choix: «Le recueil [...] exprime avec force et rigueur la libération de l'être par la poésie et pour la poésie. L'opposition marquée entre l'univers de la poésie et l'univers commun organise le recueil qui, par le biais de l'écriture, opère une traversée de l'aliénation et de l'angoisse vers la renaissance, la passion, le rêve et la magie. L'invention d'un langage tout à fait personnel qui bouscule la syntaxe, transforme le vocabulaire et renouvelle les images n'apparaît jamais comme un artifice, car elle découle de l'affirmation du caractère irréductible de la poésie et imprègne ces textes d'une profondeur, d'une émotion et d'une sincérité qu'on ne peut jamais mettre en doute. Une poésie lumineuse!»

Conclusion

Il aura fallu à Rose Després quatre recueils pour en arriver à se rapprocher de cette vie prodigieuse qu'elle espère.

Un long silence suit. *Si longtemps déjà*, dont le titre est évocateur de ce silence, paraît en 2009 aux Éditions Prise de parole. Le titre oriente la lecture et chaque texte traite d'une préoccupation; ainsi est tracé le chemin, ce parcours qui fait appel à la mémoire, qui s'ouvre sur un envahissement et se termine par une libération. Métaphore guerrière dans laquelle la poète combat l'« Intrus » : « Vous ouvrez la bouche / des légions de mille-pattes / envahissent nos jardins épicés » (p. 9).

Ainsi la quête se poursuit et la vie prodigieuse est toujours à venir. La richesse de la poésie de Rose Després repose sur son besoin fondamental de résoudre l'énigme de la vie, de sa vie. Si la douleur traverse toute son œuvre, c'est la poursuite de l'harmonie qui la pousse à l'écriture.

Son rythme de publication en trois vagues successives, séparées chacune par une dizaine d'années, illustre son rapport à l'écriture. Elle écrit par nécessité plus que dans la volonté de faire œuvre. L'œuvre naît par incidence. Jaillissement du cœur, ses poèmes sont un long cri qui lui permet de faire face à la vie et à ce qu'elle lui apporte de douleurs et d'incompréhension.

La texture formelle – ces mots qu'elle module à sa guise, la grammaire qu'elle provoque –, traduit la complexité de ses sentiments et de ses émotions. Sa poésie est entièrement centrée sur elle, sans détour ni cachette : « En relisant les textes je m'aperçois qu'on se dévoile, on se déshabille complètement devant les gens. Si on fait autre chose, je ne pense pas qu'on écrit réellement », déclare-t-elle à la journaliste Sylvie Mousseau à l'occasion du lancement de *La vie prodigieuse*.

Et l'étrange beauté de ses textes naît de cette absence de pudeur, de cette volonté de faire face à ce qu'elle est.

David Lonergan
Juin 2012

Sources citées

Articles

Lacroix, Isabelle, «Variation sur le travail d'écrivain», *L'Acadie Nouvelle*, 12 novembre 1999, cahier Accent acadien, p. 4.

Mousseau, Sylvie, «*La vie prodigieuse* de Rose Després. Prise de conscience», *L'Acadie Nouvelle*, 29 septembre 2000, p. 45.

Raymond, Maurice, «*La vie prodigieuse*», *Éloizes*, n° 30, automne 2001, p. 95-97.

Thériault, Jeannita, «Rose Després lance son *Requiem en saule pleureur*», *Le Matin*, 25 septembre 1986, p. 11.

«Entrevue tapuscrite», 1982. Dans cette longue entrevue, que Després a accordée en 1982, peu après le lancement de son recueil, elle parle de sa démarche et de sa façon d'aborder l'écriture. Si elle a préservé une copie du manuscrit de cette entrevue, elle ne se souvient guère de l'utilisation qui en a été faite. Ceci dit, le texte définit mieux que toute analyse ce qu'elle entendait faire.

Bibliographie

Després, Rose, *Fièvre de nos mains*, poésie, dessins de Louise Després-Jones, Moncton, Éditions Perce-Neige, 1982, 60 p.

Després, Rose, *Requiem en saule pleureur*, poésie, Moncton, Éditions d'Acadie, 1986, 52 p.

Després, Rose, *Gymnastique pour un soir d'anguilles*, poésie, Moncton, Éditions Perce-Neige, 1996, 46 p.

Després, Rose, *La vie prodigieuse*, poésie, Moncton, Éditions Perce-Neige, 2000, 119 p., prix Antonine-Maillet / Acadie Vie.

Després, Rose, *Si longtemps déjà*, poésie, Sudbury, Éditions Prise de parole, 2009, 61 p., prix Éloizes.

Fièvre de nos mains

à Claude Surette
et Laurie Henri

On est sur une planète.
Couleurs de cire fondue.
On est sur une planète.
Étrange sommeil,
vertige.
Le ciel plongeant dans la mer
un tronc salé.

Janvier. La jungle dort. Le jour efface les pistes d'écume. Les cervelles deviennent des cauchemars de violons enragés qui portent plaintes aux forêts et ouvrent de grands silences à l'écart des villes.
On revient lentement à l'ombre, merveille interdite qui ronfle en chantant son cœur à la nuit. Elle arrondit les coins de terre qui fument de louanges au dégel des yeux sauvages.

Et le pays en déroute ?
Coûte que coûte
On fera du ravage
Continue l'esclavage et la tempête noie les graines de
survie.
L'enfer n'est plus demain,
Bourrée de bois, d'un geste félin, la braise ronronne
En guettant le jour…
Les allumettes sont dans nos mains.

Soixante cordes de bois à trancher du pain qu'on doit payer aux contes de fées. Pourquoi pas garnir le repas de sauce tomate ? Inspiration de Grand Prix Wrestling – Un combat dérouillant.
Chantons, crions, jasons, deux étoiles en même temps. Invisibles sous une tignasse de cheveux gras, les lutteurs se livrent aux danses erratiques et se moquent des « *I'm gonna roll all over you* » de James Taylor… Son héroïne pure et fraîche.
Pourtant, les mains en coquillages, des milliers d'enfants se déguisent en grains de sable, deviennent sous le soleil des arbres vibrants aux tiges démones, leurs voix, un chant d'éloges réincarnés.

Femme de pluie, tes rêves s'exposent sur les branches d'un pays qui bouge. La tête pleine de cailloux, le ventre de plomb, des drôles d'oiseaux perchés sur un défi. L'orage stérile fait le tour de tes prières, s'assoit dans tes mains et se fait l'agent de tes désirs.
Un quart de lune résiste à la source de tes yeux qui trempent les façades brûlantes et poursuivent le trajet des choses ruminant dans tes tripes. Tes seins se gonflent d'ironie et se dévident tel un ballon. Les enfants ne veulent plus être nourris d'illusions tragiques dont le goût se mêle aux verbes plus concrets que tes doigts.
Le langage de révolte s'enfonce jusqu'au nombril des terres abandonnées. Il sort de la boue chaude un désir de reprendre son pays, des cris de feu. Le regard des martyrs et des héros est derrière nous ; voyant l'alternative comme une levure éloigne la faim et la tient à l'écart juste assez loin pour la prendre encore les yeux fermés.

Le soir défonce les clôtures avec des cris bizarres comme la ronde des sirènes. Le poison trie une chaîne d'allumettes qui pourgalle le corps des fourmis. Comme du sable croqué en fermant les yeux, tout un pays d'objets roule son temps. Il tâte le transfert, la cervelle au vent qui fouille les tresses d'un fil. Il pose une valeur aux questions disparues pendant que les gueules des singes se moquent des affluences qui sautent dans une poêlonne cassée.

Le jeu n'est plus comme avant. Un tamiseur renverse trop souvent la drogue du lendemain. Un creux à remplir de trésors, un germe à vendre pour payer le salut et quand l'orteil parle de ses voisins un parachutiste s'écrase dans la jungle d'Afrique.

On a chanté à tue-tête les Ave Maris Stella et les gloires à ceux-ci, les hymnes à ceux-là, assis dans une grande barque sans capitaine, le drapeau déchiré. Une guenille rit la tête fendue, des éclats secouent les vagues et le navire sans équipage. Des rames neuves pendent de chaque côté sans direction. Pas de mer où naviguer, ni voyage à faire, ni rivage en vue.
Le projet fond comme la glace dans la baie d'avril et les débris des naufrages décorent les musées de souvenirs. Les cordons de l'histoire enterrent l'ancre et nouent la force de nos bras. On regarde sur les écrans les jeux de mépris qui mâchent les cœurs et crachent les graines de fruits sur les trottoirs des villes.

J'ai perdu ma sœur au seuil d'une porte entrouverte.
J'ai perdu mon frère aux débris des ricanements sauvages.
Des silhouettes tristes, dénuées de couleur dans la griserie des voiles naviguant sur les flots tumultueux de l'abandon et du refus.
Les promesses de bonheur sont dissoutes dans le crachat rouge et noir de mépris de ma chaleur, la déchirure de mon âme.
Et vous riez mais vous ne croyez à rien. Et je ne vois rien en vous que l'ombrage de ce que jamais je ne voudrais être.

Le doigt à la tempe, toutes griffes sorties, le couteau dévale sur l'anguille souffrante à trois pas de la côte. L'orgue trépigne au-dessus des paroles. Il éclipse la violence pendant qu'on joue pour des mégots. Le venin des sangsues transforme l'énergie jusqu'à l'écrasement et les morceaux de vitres s'insèrent dans le sable où l'on ne marchera jamais les pieds nus.

Entre l'honneur et l'accomplissement, il se glisse un liquide assidu à la proportion des espaces du temps qu'il faut envisager parmi les essais futiles de gagner le jeu ou de perdre la bataille dans laquelle je me suis vue propulsée par des pouvoirs autres que ceux attribués à la gloire du recyclage.
Encore une fois je me perds dans les foules afin d'échapper aux foules plus éparses qui font rebondir les airs subtils de mon logis où déjà j'étouffe.
Quand j'aurai regardé de loin, à travers mon regret, ma lentille ouverte, je pourrai mieux goûter les horizons trop familiers.
Rafraîchie, je renaîtrai à la douleur de vivre sous l'empreinte d'une forme lourde de créations. Seront-elles avortées ?
Partir pour mieux voir de loin et non s'enfuir dans une perte de temps.

Ils achètent nos biens avec des babillages. Ils versent des louanges de bière au rythme des ronflements empruntés pendant que leurs mains avides giflent un violon misérablement cousu.
La récolte de nos terres ne paie plus la part des croyances de malédictions et de pauvreté déifiée. Les prétextes de salut condamnent nos frères à ériger des monuments d'impuissance et leurs gorges sèches d'envie comptent les mailles des chaînes qui s'usent au réveil des eaux.
Les citadelles de grandeur s'écroulent sous les regards méfiants des peuples livrés à des hymnes perfides. Ils n'avalent plus le crachat-poison dans leurs cœurs et leurs bouches sont des millions de trompettes qui ébranlent les idoles infaillibles. La destruction n'accorde aucun bruit dans les aubes nouvelles et les villages de nos rêves se rebâtissent avec des chants qui n'ont rien gagné à se taire et ne risquent pas de disparaître comme le pollen et le camphre magique.

À tous les anciens tableaux qui n'ont pas su perdre leur innocence… je parle d'un ton pendant qui tourne le sol pour trouver les vers, abîmer les mains des poètes et leur donner le cadre des vents.

Passe plus loin que les airs ; regarde toutes les saisons ivres de douleur et d'extase. Pour ne plus revenir, pour ne plus retenir le temps qui passe mais qui renaît, vêtu de couleurs et d'odeurs inconnues.

Cervelle bouillante d'un soleil sans pluie : le blanc des nuages truquant le bleu de ce cadre de ciel indécis.
La bicyclette tourne appuyée sur une rampe brisée. La bicyclette ne tourne plus dans la pluie du soleil perdu.
Ouvrir les yeux le matin pour enlever aux oiseaux le surplus du pain quotidien et oublier de dire merci pour tous ceux qui ont faim.
Cadre de châssis-double contre une fenêtre espace la vue brouillée par tous les murs de ces maisons de brique et de ciment. Et ce pays qui entortille les racines d'arbres épuisés de vivre sous les bras des tubes de métal rouillés par l'eau courante d'une ville engourdie au lever du jour.
Et parmi ces prisonniers, l'encre coule au lieu des larmes crispées de pluie gluante que nous laissent les rongeurs d'ondes.

Un par un
Un deux par quatre
Entend l'écho, s'en va et revient
Sans boire trop de chagrin.
L'aigreur, ce nectar moisi, déchire les masques sur la face du déclin.
Le vacarme des colères va étirer ses griffes jusqu'aux ventres les plus serrés.

Mélodie infrarouge : le sang de nos courants d'air tourmente les pudeurs anciennes. Flatteuse délivrance de mensonges-caresses aux juges haineux. Les rageurs divins se bercent parmi les ondes hypnotiques vers les côtes, rivages aperçus malgré les ténèbres crispées.
Le vaisseau ancestral défonce les marges d'indifférence, tiédeur vomie des entrailles de la nature ; inconsistance féroce aux pieds des ruines modernes. Les liens de nos cables se tressent en patrons géométriques colorés de tendres lueurs, ivresse musicale au retour d'un soleil joyeux, perçant la brume et guidant l'envolade de milliers d'oies sauvages.

Les narines sèches, des oreilles de plomberie cosmique, le germe se fuse aux crèmes pastorales et les étincelles courent dans les bois.
Le déluge grimpe aux portes et faufile des sillons qui mouillent le dos des traîtrises. Pendant qu'un vilain décor fonce sur les murs de l'entretemps, les cathédrales restent inhabitées.
Ah ! Peur de folie-devinette éclose des songes flétris sous la lune épaisse.
Largue les amarres et tambourent les cochers endiablants jusqu'aux rives des absolus !

Une petite craque dans le coin du mur reflète une lumière jaune qui se croit soleil.
Le sel et poivre dans les bouteilles vides, les cendres d'acier miroitent les distorsions, les espaces perforés de nuages, de lignes d'ondes nous ressemblent.
Des numéros, des noms, pour dire qu'on se connaît, des étiquettes et prix – enfin prouver ce qu'on n'a pas l'air d'être.

Ce visage violacé d'enfant s'agrippe à ma mémoire, s'acharne à mes souvenirs, l'œil ouvert à ma stupeur, un rappel constant. Inlassable compagnon de tout ce qui n'a pas été, son regard reste fixé comme une empreinte sur toutes les fibres de ma trahison.
Imparfait, le dessein est encadré dans une boîte de détresse enfouie sous les portes de l'hiver. Malgré les danses funèbres, le corps frêle et vide affronte les langages d'illusion. L'image supplie, étranglée de reproches.
Et si on replantait des racines de tendresse dans les déserts de nos affolements ?

Étampe de nouvelles balayées sous les planchers synthétiques.
Et la guerre frôle nos portes, léchant ses babines croches, grimaçant les folies d'ambitions.
Si on vivait
Si on existait
Si on voulait
Mais les regards inflexibles, réprobateurs, les moqueries qu'on sème dans les champs délaissés. La flatterie aveugle des plans raffinés.
Et la guerre frôle nos portes, guette le moment d'inattention, perçoit l'odeur de sang qui enfle ses narines.
Si on savait
Si on y pensait
Si on vivait
Le temps s'est déjà trop étiré, il n'est plus élastique. Au matin les rêves trébuchent, le jazz colore une symphonie de poulailler, les chiens jappent quelque désespoir aux industries qui enterrent les oiseaux déplumés.
Fabriquons les armes et chavirons l'avenir !
Ne regardant jamais personne face à face, à quoi servent les miroirs ? On parle des horreurs qu'on n'a jamais vécues. On crée des liens que d'autres ont déjà rompus.
Étampe des nouvelles balayées sous les planchers synthétiques.
Et la guerre défonce et les fenêtres et les murs trop épais de nos crânes.

Les fous sont beaux. Ils confient leur musique aux aveugles parce que les vieillards cédaient leurs clefs et pillaient la nuit. Leurs mains vacillent comme des perles de sève aux doigts des chênes.
Mais le vent gaspille l'orage. Le cœur de la mélodie, le trèfle juteux ne restent pas plus longtemps que la rive dans le reflux des ondes.
Le jour espionne les cavernes où une rose jaillit en fontaine de vitre.

Parfois j'ai envie de m'embourber dans le prisme de l'été comme une vague de soleil dans ma mémoire où les idées figent le pays couvert d'un rêve blanc. Même les arbres frissonnent à travers les rafales des images imprimées dans la somnolence des hivers.
Il danse dans ma tête des pas de jeunes perdrix qui s'envolent aux premiers gestes du vent. Je construis des mondes et des mirages dans ma cervelle d'écume et je perds le fil de mon histoire dans l'esclavage des symétries dressées devant moi comme un mur.
J'arrange les drames du passé en images retenues dans l'espace, comme ton portrait sur la face de ma vie rappelle une odeur trop familière et mes narines assoiffées de salange et de bois brûlé.
Les mots s'étouffent comme une chanson naufragée sur les bords de ma conscience fiévreuse. Je fais allusion à des images qui sont des voiles d'une barque étrange où l'on retrouve les tiges qui nous séparent, jetées au matin bleu.

Malgré tout je t'enverrai sur les ailes des tourterelles les ramages d'une pensée bohémienne qui te posera sur les lèvres le goût des autres planètes. Je jouerai une mélodie de flûte dans ton front pour allumer le feu de ton amour qui se transporte jusqu'à mon jardin d'envie. Et je boirai la sève de la rosée sur les feuilles du matin, ivre de tes yeux flottant sur ma peau comme un doux vent.

Sérénade pour une nuit masquée
Quelques tristes abattis
Une liste de vengeances
Le doigt d'avenir… on doit revenir
Faucher les myopes aventures
Ces élans nostalgiques dépeignés.
On doit revenir purger les décadences
Au lieu de craindre le faux-pas comme un appât.
Comme y'en n'a pas deux toi ou moi.

Dans ce vaste théâtre
Le destin rôde illusoire
Comme un sacre à l'envers
Et à l'endroit des yeux qui appellent toujours.
La danse chavire les bras et les pieds
Débarrasse les vieilles inquiétudes
Rallume la mèche des regards éteints.

Pour ceux qui ont trouvé leurs deux fesses –
Sur les planchers de toilette je vois des couleurs
différentes de celles qu'on m'a décrites.
Je me demande ce qu'ils font avec mes couleurs dans
leurs yeux, de mes couleurs avec leurs yeux…

Maintenant qu'on fait la guerre à leur monde ils se plaignent des épinards aux hanches et des surprises de poteaux de téléphone qui voudraient les écraser. Les traces de billets payent le bruit des portes fermées et nous font perdre l'aquarium de joie. Il reste un goût de paille qui endort les nerfs fendus. Et le luxe s'étire dans une chambre aux mille dimensions. Il joue de l'œil avec des dessins de visages figés. Une salle d'attente est là pour ceux qui n'arrivent pas. Une pipe brûle les tiges gazeuses, des mobiles d'encens qui étouffent les paroles tracées sur le visage d'un testament.
La nuit sonne aux portes et happe les passants dans un jeu solide comme un masque de rosée.

Des graines d'un chant de rossignol sont perdues dans
une chaude noirceur.
L'arrogance du besoin ou l'attente du rythme qui ne
sauraient te murmurer assez tendrement pour te donner
ces vers d'huîtres qui m'écorchent les pieds et les mains.
Songeant avec mon frère, sondant les implantations
boueuses de ces aubes de tempêtes qui réunissent les
âmes pour redécouvrir un casse-tête incomplet.
Au lever du jour qui nous a vu naître, main dans la
main dans un champ qui ouvre les bras à la nudité,
en s'éloignant de celui qui regarde à travers sa lentille
figée…
Pour te donner le message d'une journée qui reviendrait,
vêtue de toi et de celle qui te livre ce regard passager.

Le cœur glué, l'aviateur fermente dans sa cage de goéland. Les flammes bondissent sur lui comme les cris d'une foule en panique, dardent ses oreilles et font éclater même le sang-froid des fleurs sauvages. On découvre sous les lits des pétales mêlés de poussière : nos rêves de s'envoler.

Je crie à l'envers d'une chanson qui rejoint tous les orages du temps. Mais ils ne réagissent plus au son d'une trompette enrouée. Je ne vois pas leurs silhouettes dans la courbe de mes exploits, ni dans la dérive de mes voyages.
Jeunesse rasée au vif par les désirs barbares d'un peuple ordonné sous le poids d'une machine fantasque noircissant les rayons de lune sur ton regard lointain.
Ces vieux soldats armés d'un seul but chevauchent leur mémoire poussiéreuse. Des nuées de fourmis dans leurs têtes, ils sont endurcis par l'héroïsme. J'ai grandi dans leur misère, leurs béquilles de cendres de bois disparues sous un œil écrasant.
L'avenir, comme un étalon sauvage, écume sa férocité ; ses yeux miroitent mon emprisonnement, ma chambre d'écorce comme le canot qui me rejoint à sa liberté où je puise l'eau tel un espoir.

Une vieille canaille ridée de peur rôde trépignante, ivre de caresses et de paroles anéanties pour un masque de sourire. Errant dans les rues gonflées d'orgueil, elle griffe ses yeux comme une foule de doigts cherchant la source, traversant une guitare, criant sous l'étoile, essayant de nier la lumière qui rit.
Et les nuages n'arrêtent pas de caresser le ciel dont le corps ressemble au paysage givré de l'automne qui arrache à la terre son premier reproche et brise les mains des peintres, cassant les ailes des goélands.
L'hiver s'annonce gonflé de souvenirs fragmentés sous les pas bruyants de craquements d'os où une douce froideur tentera en vain d'endormir par ses baisers la révolte naissant de cette saison fiévreuse.

Cantique à la lumière

Un faux soleil a submergé mon pays dans le vin sacré où se noient les enfants de chœur. Les hosties brûlent sur le plancher du Père et du Fils, le royaume de ceux qui baissent la tête au bruit de l'ostensoir stérile. Baisant la peur et la bague de l'évêque.

Les regards pieux comme des aigles piochent nos fronts, nos entrailles et sont bénis. Grâce à l'entremise d'un oiseau blanc meurtri, accroché au coin d'un triangle où se cache le fameux regard tout-puissant, un sentier si étroit que même les aveugles hésitent à le suivre en lançant des injures aux astres, ces hymnes de plomb fondu qui dégouttent sur les vignes sèches des contrats défectueux.

Un élan de verglas recouvre le sommeil, suffoque les airs de ses brumes épaisses. Les plantes n'ont pas fleuri dans leur recueil avec le temps qui voit s'écrouler les pendules monotones.

Tous les univers de flammes et de silences naissent dans les eaux remplies d'ombres qui se bousculent contre des murs inaccessibles, heurtées au vide balayant les cendres de pouvoir et ramassant les parcelles d'inquiétude qui l'entourent comme les papillons sous l'emprise d'un lampadaire.

De grandes fenêtres ouvrent leurs yeux magiques au spectacle d'une mise en scène perpétuelle, les rôles envahissent un décor majestueux, des collections de visages fardés, gonflés aux vents des tourbillons.

Et les enfants sur les rues jouent à percer les ballons d'illusions ; ils piquent les apparences de soleils multicolores. Sur le tapis de ciment les masques restent ratatinés et disparaissent avec la brume d'hier matin.

Retenus, impatients, les styles, anéantis par les ravageurs, les envahisseurs de rêves et de chansons, se nourrissent d'un cœur gros de visions.
Le doucereux mélange dans le calumet à l'aube d'illuminations s'empare des alentours de nos tendresses, élargit les horizons de notre amour, caresses de paroles sur l'amitié.

On se croit à l'abri du monde mais la lune dévore nos recoins où s'alignent les amours en cordes de bois, le front collé sur les vitres au-dessus d'un jardin cultivé de révolte. Une sérénade masque le bruit des horloges et des chiens jappent sur les tombeaux de crystal assassiné. Trois ans de marche, d'enclume aux chevilles contre un éternel recommencement. Toute une foule d'échecs bâille pendant que l'étendard de belle étoile grince des dents au bout d'un câble de rancune rattachant la fièvre de nos mains. Et je manque la sève d'érable qui coulait entre mes jambes.

Des bras tendus occupent la place des morceaux d'étoiles piétinées. Aurore de vent, les cris d'enfants découvrent les jeux nouveaux, voyagent la terre grasse, les roches à la mer jusqu'à demain.
Les lèvres d'une tempête de sable, le désert laisse aux pieds nus des jours fragiles, vide les paradis électriques.
Les néons de pluie fabriquent toute une litanie de vidanges qui étranglent les fleurs du printemps.

Je veille une nuit de menaces ; elle coupe la mèche de nos désirs et fait vaciller les reflets de nos danses insatiables. Les formes se hérissent, s'effondrent et renaissent même dans les courants occultes émiettant notre envie réchauffée.
La ville se berce à l'arôme des herbages facilitant les unions fictives que les rêves chevauchent en tragédie rebondissant dans les mémoires inertes, déchirant les voiles jaunes des transes qui siègent comme des paperasses aux archives du déracinement.
Un souffle romantique ébranle les gardiens du temple. Ils s'accrochent à la route pavée d'idolâtries. L'heure de réclamation guette ses bourreaux et les plans détournent l'ordre hésitant qui lui sert de catapulte. Il désintègre les formules, écarte les brouillards avalés comme la pluie dans nos gorges en sillons de terre cuite. Le temps prépare un dialogue avec la puissance des coquerelles et la peur rachète ses yeux avec des signes de soleil fendu.

Les vieux râleurs ne tarissent pas. La brise avale leurs plaintes et vide ailleurs les rêves en défilés.
La loupe des ancêtres met le feu partout. Les forêts et les autres vierges n'existent plus. Elles ricanent du fond des marécages où se baignent tous nos désirs. On les éloigne tels des papillons qui tracent les fils de nos vies et roulent dans nos veines, allégeant le fardeau des jours.

C'est un grand miroir ondulé. Il reflète l'âme sœur d'une vieille superstition. Elle savoure son image comme une étreinte et mêle ses parfums artificiels avec l'admiration et le mépris. Ses rides passent aux bruits des tourniquets qui doublent les nœuds dans son ventre fêlé. Le succès décore les murs avec des dessins de beauté opaque, purgeant ses combats en sermons de reconnaissance.
Les spectateurs farcissent leurs joues creuses avec d'autres témoignages : des drames en échange des rêves chatouillent leurs remords.
Bourgeons de lucidité ! Ils restent au piège des paysages dépeints. L'âge des cyclopes modernes vide ses excréments dans les eaux de la survivance et fouette les terrains d'amour avec des ouragans de progrès.

La politique c'est bien compliqué
La religion, des hosties toastées
Avec des œufs pour déjeuner
On a longtemps paru des bêtes traquées.

Mais c'est pas une dimension trop tôt
De se voir là sur le radeau
Quand la méduse truquait le ruisseau
On a fini de mâcher nos mots.

Car vendre ou rendre, fendre ou pendre
Il faut bien qu'on défende
Les astres dans nos yeux
Le foyer pis le feu
Consumons les fibres joyeuses.

Un dimanche d'août, j'ai trouvé un ancien fantôme de mon travail où gisaient les paroles d'un chat noyé. Qui découvrira les cendres de son âme dans ce vent de brouillard bleuâtre ?
Les jardins de mon âge vont porter les récoltes des autres temps que je dégusterai avec la tendresse de ces jeunes escargots.
Mais cet instant est perdu de vue ainsi que le retour à la bataille jouissante de la vaine tendresse que j'aurais voulu partager avec eux. Et pourtant l'odeur des horizons, le mirage de nos dos courbés ne me paraissent plus futiles.
La vision de chemise vêtue d'enfants sur les épaules donne à la fraîcheur de ce jour un rire orange qui verra gémir l'éclat de cet après-midi trop lourd avant le coucher de la nuit somnambule…

La souplesse devine des passions d'anarchie cloîtrée derrière les fringales d'un vendredi saint glorieux écrasant en épouvantail le marché des formules. Et les paroles d'enfants se délient du sein de la mer. Elles effacent le signe d'encre perdu avec le fil d'une histoire obstinée aux cris des yeux sauvages. Elles ébranlent le sommeil d'une nuit soûle de caresses qui tricole la danse des fantasmes et maintient ses prises des terres étranges. Labourant leurs côtes, elles déguisent leur soif de tout posséder, fauchant des millions d'âmes fleurs qui servent les divinités gourmandes. Et le soleil emprisonne les rayons familiers dans un cercle de désespoir.
Le pays s'éteint comme les notes d'une lumière enragée. Elle s'accouple et voit naître les héritiers de ses jeux difformes, des attractions aux cirques colorés. Le bruit de civilisation maquille les préjugés pendant que des monstres anciens viennent envahir les forteresses d'Angélus et les souris chauves égrènent des perles de désordre.

Venant d'un étrange hier au soir, le miel gluant de notre recherche était pâle et tiède, couvert d'une poudre d'insectes qui rôdaient, cherchaient sans connaître et sans regarder à travers la mémoire de leur inconscience. Le bruit de leur sondage zigzaguait d'incertitude au moment voulu. Et dire qu'on ne sait comment ou par quel mouvement s'y reprendre.
Je n'y puis rien peut-être mais si tu le peux, toi, donne qui tu es. Sinon, nos pattes resteront aux prises avec la difficulté de l'empressement. Épuisés sans avoir rien trouvé.

La marée définit les mystères et les débris en transe à l'envers des vagues.
Pulsions, les mains pleines d'orage, tu ressembles à une lune de brouillard, la taille figée dans un pays d'eau. Tu mystifies les enfants avec tes pirouettes de jongleur et tu réveilles une gigue de maître, une pluie fiévreuse qui féconde tous les paysages où les feux-chalins décorent de bouquets de tendresse nos jardins de solitude.

À l'échafaud : un requiem, un grincement d'épileptique dégèle la sourde oreille, joue à l'aveugle et s'esquive en chien filou traçant un sentier de neige à l'aurore.
Lieutenant passe à l'inspection des rangs : soldats d'une armée sans buts militant les droits rompus, comme les vermines proies des cadavres lépreux, léchant les os fantaisistes.
Jouer au miroir d'indifférence-arrogance. Quel métier !
Tandis qu'un rondin éclate en braise les milliers de feux d'artifices, la forêt enflamme les racines jusqu'au dénouement inaperçu et s'obstine au verrouillage des serrures, les cadenas d'une prison imaginaire…
Mais la terre lance un défi aux forces plus qu'humaines.
Le ventre fendu, elle se gaspille devant les phares électriques, devient cette luisance du Noël mystère – l'ensorceleur terrifiant – et demeure implacable aux récits des avocats célestes.

À Guy Arsenault

Une gifle de lilas, le soleil, notre amour, devient combustion aux hurlements des chiens et leurs pistes bleu-gris sauvage comme la neige illustre les rêves des capitaines, gonfle les voiles de tendresse, de vent d'août, quand on pêchera les poissons d'avril.
Reviens à la côte des domaines imprévus où une chaîne s'enfile grinçant les liens brûlés par les jours de forge. Le rythme, c'est une valse de goélands qui plane dans le ciel anémique. Et nous garderons la fièvre toujours !

Les rafales, les dérives fouettent ma cervelle vers des pays lointains, travaillent les fibres de mon être comme une force explosive.
Les restants d'automne, les horizons défendus s'unissent au courant des ruisseaux joyeux qui raconteront toujours l'histoire aux noirceurs des brindilles d'herbes sèches.

Ces ennemis fabriqués de crainte, de différence, renferment avec de gros cadenas même les coquillages vides d'écho.
Les guirlandes de promesses de salut et le prix des indulgences entortillent les âmes biaisant en attitude de géraniums pensifs. La pluie de jeudi dernier trempe encore leurs idées, leurs yeux fous.
Je vous connais, rêves familiers où, suspendue dans un élan, je berce mes histoires, caresses de raclures paternelles sur mon esprit flottant.
Mais quelle joie de rapatrier le jazz défendu, caché sous des voiles mystiques qui éclipsent les heures d'incertitude!

Je déterre mes moisissures de rêves avec l'aigreur des destins achevés pendant que la brutalité de vos prétextes s'insinue en moi comme une danse vulgaire qui alimente mon insomnie. Les draps minces d'illusion s'accrochent à mes épaules tristes de vengeance. Je reçois le poids des mensonges en éteignant les étoiles des yeux d'oiseaux qui se dessinent des liens transparents au-dessus des réalités que j'absorbe.

Je me sens obligée de longer les couloirs d'indécence. Des anguilles dans les tripes, je retrouve mes rêves éparpillés après les vents d'un tourbillon érotique. Le jour réchauffe une fable dans mon crâne engourdi et laisse passer les ombres comme des corps de squelettes familiers surpris dans une pose habituelle.

La variante chute caféinisée reste au seuil du jour, se croit capable d'apaiser le vent. Aussi belle que la chaleur qui ranime un fœtus engourdi.
Salé, sucré, tu parles d'étoffe soyeuse tout en raclant des mots de papier sablé. L'étrange complainte s'évapore, car achetée ou vendue, c'est une musique éphémère déjà oubliée.
Mais quand l'espoir devient tourterelle, l'oiseau d'amour n'est plus triste.

On ne partage pas les cendres des univers d'été anéantis.
Coléreux, les divins fourmillent dans un décor stérile.
Arrachant le courage de nos ventres et les dents de nos bouches, leurs fumées d'éloquence envahissent, chassent les pistes de nos rêves, verrouillent nos faiblesses derrière des portes transparentes.
Mais ils n'empêchent plus l'écho de révolte qui ronge le sang déjà brûlé par les ravages du temps.
Les mains libres ouvrent les yeux gris et le vent des tempêtes imprime ses visions comme des mots au fond d'un puits sec.

À Kenneth Saulnier

Corde à linge, un visage brillant éclaire, étoile un quadrille gigueux. Le diable chatouille les nerfs de mes tripes, écume l'océan d'un cœur si beau… j'envie ta mère le sein à la bouche d'un champ framboisé. Quand sera le temps de libre amour et de navire berceux ; le monde une famille d'entretien… Nous ensemble jouerons l'enfance heureuse, une ronde de carrousel. Les bêtes sortiront des cages et trouveront des ailes magiques pour encercler le firmament à l'écoute de nos rhapsodies.

L'impasse de ta vision et de ton odeur répand une fureur rouge sous les pieds qui foulent la vie et cède à la force des gémissements de l'aveugle nu soudain devant les multiples vérités de la lumière.
Tous les rayons de nos images sont parvenus à la fenêtre de sa mémoire où ils ne perdront jamais leur éclat.
Le feu de nos paroles gravera ses traces joyeuses sur les paupières de son éternité.

On a érigé des sanctuaires de pierre que les âmes désabusées n'approchent plus et les rayons d'une lumière ne pénètrent pas jusque dans leurs yeux assoiffés de gestes. Une lune trop hésitante se livre et s'enfonce dans le creux des nuages.
Le jour ne renaîtra peut-être plus dans ce monde de cymbales où la joie prend un mauvais air et se cache derrière les voiles d'une grande barque sans nom. Les étoffes de brins d'acier deviennent une robe poussiéreuse que les grands oiseaux noirs déchirent et ramènent, lâchant des cris rauques.
Ils ne parviennent pas à franchir les escalades des murs qui sont dressés comme les gardiens grotesques apportant au vertige les yeux rouillés d'une poudre de pluie. Une vieille poulie grince et crie son harmonie avec le monde en métal.

J'ai menti pour me moquer de la lune et de la pluie qui dansent dans tes yeux. Comme les arbres se replient sans un bruit et l'écho de leur silence résonne en moi. Les cendres de mes paysages s'éparpillent dans le vent du hasard.

Requiem
en saule pleureur

Pour David et Sarah

Je ne porterai plus de noir.
Je ne subirai plus ton deuil.
Je ne serai plus ta veuve.
J'irai plutôt à la ville
pour m'acheter une belle robe de crêpe rouge.
Extrait de *La veuve rouge* de Gaston Tremblay

Au port astral

Je croyais qu'en ton absence on se promènerait dans un doux climat de janvier déguisé en émoi de mai.

Souvenances géographiques, les régions de mon cœur s'étendent jusqu'aux ruelles excitées...
Les enfants... bavardage lingala... les ondes à la première personne du pluriel, mes notions en prison et nos échanges radioactifs gonflent entre nous un miroitement illégal.

Violet dénaturé.

Tu marches et j'accours
Tu monologues et je déparle
Tu penses et je dépense les chimères au marché illusoire.

Jardins 1985

Ces fresques d'arbres échaudés par les dégâts puants d'ingénieurs missionnaires, prêchant le confort spatial, ressemblent à des cigognes piégées dans les toiles d'une araignée géante. Et il neige des crises de mars et d'avril qui ne peuvent détourner les manivelles de ces ogres-caméléons, ni dérouiller les portes de bronze qu'ils ont ternies en dégosiant leur répertoire, les poings en l'air. Comme des prétendus morts ensevelis, ils exigent un testament, effrayés de noyade dans un bassin d'eau.

Ils n'attendent pas le désastre qu'on entend déjà gronder. Le corbillard promène les vapeurs sournoises d'une autre félonie…

(Évacué d'une lune rocheuse, un rêve essoufflé renaît comme l'appétit nuptial.)

Inutile de plaider non coupable. Le juge habite un décor romain qui est sourd aux morveux mangeurs de vidanges qui s'en vont en reniflant.

Jeter des rêves en bas d'une tour d'ivoire où l'haleine nordique d'un harfang dépaysé agglutine ma somnolence désertique. C'est une contorsion visuelle, un corbeau immobile qui espionne mes vitreuses obsessions d'éclairage.

La mesure du temps d'une plaie.

Les vertèbres craquent d'elles-mêmes et les rejets d'eau évasive imbibent les allures fébriles.

Mais parlons d'autre chose. Parlons ailleurs. Ici les fraudeurs tachent nos images de sang. On reviendra leur mordre le front grisé de diatribes allégoriques, nous les petits-enfants de la misère, achetés puis revendus à l'encan des morts subites.

Comme les fragiles acrobaties des girouettes, l'arc du vent décrit tout à coup un geste superbe dans une fraction de seconde photographique.

Entre deux soleils, entre l'orage et le ciel, le cadran siffle orange tandis que les gros parleurs, la gueule raclée par l'alcool, la tête en marmite de bruit, champignonnent des maussaderies qu'un vermifuge inefficace n'a pu renvoyer.

La famille est un bordel à l'écoute des complots maléfiques. Son obsession est une tangente ironiquement oubliée par les artisans qui gardent le secret du bois sculpté.

L'herbe à outardes remblaye nos cabanes.
La frise de mashcoui pétille en sève de réjouissance, aux aguets.
Le bourreau d'hiver, son œil de bouc saignant une cheminée anémique, ne peut atteindre le faucon zélé.
L'oiseau fertile ne se gaspille pas au phare séduisant.

Arbitrage des voies à sens unique

Quand j'étais chez mon père, je me croyais poète.
Le gris-bleu de ses yeux me racontait des histoires de velours foncé. Mais sa voix de tonnerre et d'acier griffait le sang dans mes veines sablonneuses.

Quand je suis chez mon père, sa volonté domine une beauté d'esprit sauvage.
J'aime goûter la folie mais sans m'y noyer ou renaître décapitée.

Et si la mer n'avait pas de côtes à effleurer, les restes de nos plus beaux jouets seraient enterrés sous la brume d'une autre orgie guerrière : les petits soldats, leurs sourires idiots, figés par leur morcellement.

Quand j'étais chez ma mère, l'autre n'y était pas. Et si des bêtes entraient, on faisait la chasse aux rats.
De la frénésie à la prose, de l'arme dangereuse à l'instrument utile…
Prendre le risque de sombrer ou d'éclaircir l'enflure d'une vie piétinée.
Penser avec un cœur indomptable.

Quand je suis chez ma mère, je renais à hier et à demain.
Je n'envie plus rien. Je me laisse combler de soleil ou de neige, dans l'oasis ou dans les maigres nuits agitées.

On marchande avec l'avenir qui débouchera d'un cauchemar oublié à l'aube incertaine. L'éclat de cent années-lumière éblouit la chambre couveuse où nous éjaculions des galaxies turquoise. Mais j'ai un satellite au lieu du cœur. Une famine coagule mon sang que l'aurore soulève en confettis jusqu'au cosmos.

On continue à réciter les jeux fatigués de l'après-midi dans les tavernes impossibles à réchauffer où tu empoignes le restant de ta tête et où la bière sur la table voisine hurle comme le cuir enragé que tu portes. Un étranger me prend pour un écran, son audace projette sur moi l'insistance qui brise mon image, écorchant ma déclamation qui se tait.

Et tous ensemble, nous traversons les douanes, la mine coupable.

Comprenure nizérée

Un bruit d'entrailles ulcéreuses.
Le feu dans le poêle de cuisine me reproche ces abus
de sorcière dévergondée, anormale, mâchant encore le
moment où je t'ai vu.

Je prends un bain tout habillée.
Je fais, défais et refais l'amour, deshabituée. Comme une
morue raclée saignante, le crâne en guenille télévisée.

Va en Orient brasser les cartes, puisque tu es prêt à
découvrir le centre mystique.
Mais tes incantations se perdent vite dans une tangente
refoulée.
Et la verdure de mes yeux prétend regarder au loin…

Harassés par des foules imaginaires, nos voyages
d'errance camouflent un besoin d'oxygène.

Les oreilles tendues, les bras pendants, un vieux lièvre
accroupi tient une promesse entre ses dents. Il ne ronge
plus sa clarinette mais l'abandonne au marécage où
il dort, perturbé de chagrin. Un chasseur qui l'épie
s'assomme en trébuchant sur les racines d'un grand
David planté au milieu du même sentier de guerre qui
joue encore à la cachette dans les cavernes et les greniers
de mes songes.

Reportage en un temps

Je m'entortille dans le vent ramené d'octobre.

C'est ce qu'il racontait.

De l'envie et du goût de peindre – capter l'illusion d'optique. Feignant une trajectoire linéaire, on cisaillait les belles si belles catins de papier…

On ne peut pas oublier. On ne pourra jamais leur pardonner…

C'est ce qu'il racontait.

Pendant qu'on réclamait, pancartes à la main, une justice sanglante des tripes endimanchées.

Glissant de ma mémoire fracturée, des jets venimeux désenchantent les pierrots de ma jeunesse.
… ongles sales, genoux et cou crasseux, nous étions des écoliers qui ramenaient une torpeur de bandits cagoulés dans nos familles. Gangsters cosmiques, ils flagellent encore ma tête insomniaque. J'use les mots calamiteux, mais je continue de bercer l'oiseau étrange qui dort dans une chambre aérée. Ma vie ressemble à son corps nourri de courants d'air et de feu.

D'autres voudraient pulvériser la poésie qui les surprend comme un fouet. Imprévue, elle imite la discorde qui reste à mi-chemin de notre minuit magique.

Ils ne voleront pas jusqu'au ventre de la tempête. Estropiés, ils n'oseront jamais braver l'œil de l'ouragan.

À vouloir briser l'incertitude, mon discours se vide et je rage en silence, les yeux en harpons.

L'avant-midi risque de fêler le cœur du lendemain. Et une tortue a mangé mon œuf.

Je me campe, un long rasoir à la main, prête à tailler les mâchoires des fouilleurs qui sont trop près de ma détonation en puissance.

Deux fesses paressaient sous les rudes baisers d'un vieux violeur. Il n'était ni jaloux… ni vraiment fou. Il chantait doucement en frôlant ses victimes.

Sur des vagues ailées, le printemps égrène des sciures d'atome.
Quelqu'un là-bas promène des chiens.
Je ne joue pas au protocole et mes harangues ne s'épuisent plus sur les autoroutes empoisonnées.

Autrefois je trouvais génial d'entretenir la déesse népalaise qui fumait dans mes neurones.
Aujourd'hui on craint l'extinction probable des loups.

Un ballon de recherche a un trou gros comme un œuf et il tombera bientôt dans la forêt grise où l'automne, masqué de terrorisme, effraie notre appétit et griffe nos visages voyeurs.

Dans l'autobus, l'enfant mongoloïde frôle délicieusement le dos du banc.
Son regard déplace ma solitude.
Je change de banc, saute de continent, revenant aux plages où je tourne les pages d'un roman qui se moque du froid, qui rit de moi.

Deux vieilles dames assises à l'ombre marmonnent des maladies régionales, des intempéries familiales. J'éteins leurs yeux avec un sourire dur. J'essaie d'ignorer le désir qui surgit en moi dans les aéroports nostalgiques où j'arrive à destination en pleine saison meurtrière.

La pluie fait déborder mes sens.
J'éloigne une main indifférente posée sur mon sein. Elle rappelle trop d'histoires ironiques du passé.

Chaque soir minuit.
Chaque soir maudit,
un mendiant penché sur un téléphone anglophone
ronchonne des symphonies meurtries.

Si nous mirions nos mésaventures, je renaîtrais sous ton étoile qui éclate malgré tes doigts serrés.

Sorcière arriérée, je ne veux pas définir mon récit débordant de vestiges insensés.
Mais la glaise se transforme vite sous ton reproche qui anéantit les discours stériles.

Et je boirais deux ou trois érables à ta santé.

Un fou s'impose à ma conscience, dessinant des cercles pleins d'ambre vertige. Il se transforme vite, grenade caressée par des mains jointes, prière érotique dont la manœuvre débouche sur des récits ethniques. Les fibres ondulantes d'une légende amérindienne, les derniers battements de son histoire.

Schizophrénie des pauvres… névrose des bourgeois…

Lorsque leur longue tristesse m'assaille, je défais les fils d'araignée. Je fracasse leur image qui s'impose dans le reflet violenté de ma vie.

La gorge serrée, je remonte sur l'étalon Beau Geste, ange démon qui bourrasque les vallées et les montagnes. Les Indiens enjambaient leurs chevaux puissants, galopant jusqu'à l'absurde boisure blanche où une lune, devenue folle de jalousie, se maquille encore aujourd'hui.

L'espace entre mes yeux distingue une galaxie subversive, d'autres soleils où l'opus numéro trois décapite les ombres alignées dans nos foyers.

La discorde… *in a torrid furious frenzy*… renferme mes océans dans une cryptique implosion.

Au marché, l'impuissance vend des politesses artificielles. Un appareil sophistiqué fait partie de l'exposition sur ce terrain primitif où un tampon pigouille la déviante coulée. Je pigouille à mon tour la tourbe qui me renvoie l'immanence de l'axe baigné de sang cachemire.

Si on harcelait nos zones comprimées, une transfusion se manifesterait, elle recréerait la beauté émouvante du silence… occulte, fervente, je sculpterais une demi-tasse verticale pour boire le matin plongeant. Au passage criminel de la censure… quand tout est permis… quand tout est possible…

Passionnée d'infini, bousculant tout avec ses narines reptiles, une bizarre créature flaire le héron gris disparu, mais qui survole toujours mes nuits.

Juchées sur une cathédrale infirme, des gargouilles réaniment la ruse des sphinx. Rien n'empêche ces danseuses endiablées de fureter dans nos interventions anémiques.

Mais commence à retentir l'oralité d'une belle bête mystique. La sauvagerie cristalline du guide panthérique avance sur nos rires plastiques.

Les despotes mineurs sont transformés en rondelles de porc que des chiens insolents se disputent.

Au-delà des rideaux, la fenêtre et la ville chavirent.

Camions vampires, camions d'empire. L'autobus, ferraille tragique, espionne les maisons. Les bras chargés, une vieille femme raconte sa fiction qui roule sur le trottoir.

Un rire indigo traverse la brise du sud où la transe défendue rajeunit.
L'ère du sanglier fouine dans les parterres, la tête trouée de cratères lunaires.

Le regard viril d'une photo gêne mes images empesées. Tourmentés, mes principes se jettent en prison, retournent à une vigilance mal vue.

Et une démangeaison me donne envie de fumer.

L'eau dormeuse est une lagune atrophiée où la soif paralyse. Incapable de surmonter le possible, elle exagère une clause karmique pendant qu'un regard conifère, aphrodisiaque, ardente la flamme dans mes veines.

Vile folie
Cité de marchés criards où le décolletage des épaules nectarines sent la démesure qui nous aborde en pirate borgne et barbu, vêtu de violence indifférente.

Rendre la monnaie pour des hanches penchées sur un trombone hurlant.

La féroce passion dans la gorge ravalant la salive au-dessus d'un corps enivré. Un souvenir de toi languit au plafond en décor fatal, jouant d'une contrebasse épaisse. Une obsession crevée comme une méduse. Elle reste agrippée à l'indigne secours perpétuel, les yeux en triste madone extasiée.

Hommage d'un gratte-ciel

Une silhouette n'embellit plus ses poses, ondule comme la fumée, comme la poussière malsaine des villes.

La résonnance de plusieurs voix se glisse sous les yeux d'une vitre graissée.
Le chant des oiseaux chatouille mes doigts pendant que hurlent d'interminables chavirements urbains.
Au chant de l'alouette revient de loin à travers une lucarne de souvenance.
Effrontée, intruse, la verdure s'entortille autour des clôtures.

… les espoirs de notre élan magnifique s'évaporent…
Quand le regard se détourne, la flèche dévie de la cible.

La fiction et la friction quotidiennes manquent souvent d'humour. Elles qualifient le nombril de rôdeur, de voyeur qui se dissipe comme la brume de minuit.

Pétrifiant les manieurs d'ondes, d'impatience, il s'énerve, s'aperçoit, se regarde et recommence.

Trois, deux, un, zéro. Il arrive à lui-même, risquant l'expulsion de sa cachette impie. Annonçant une hantise dangereuse, il excite et féconde les jambes engourdies d'une sirène de luxe. Le fruit de mer entièrement savouré.

La louche vue saccharine reste pieusement soumise à l'hara-kiri. Le remède convalescent éternue la drogue alcoolisée, attend quelques éternités pour tout brasser d'une ferveur spirituelle, et mélange les ondes résolues à servir la populace alignée au comptoir de lune. Son croissant, visible à travers l'œil-de-bœuf, grimace des gencives et des narines.

Inutile de nous rassurer si on engage les forces astrales à combler notre vitalité impétueuse et malpolie.

À l'aube du précipice, le mort accidenté emprunte le cauchemar d'un dérapage suicidaire.

L'imposteur se démasque, ses valeurs se fracassent avant que le spectacle soit terminé.

Sournoise apogée

Les pieds écorchés dans ses bottines, l'ouvrière trapue fuit le danger du sortilège comme on craint l'attisement d'une chandelle fantasque.

La ronde du marinier nourrit le jeu d'épouvantail riant au grand jour laiteux. Et la rivière d'herbes jaunes, de saisons polluées, avale la soumission de son coin de terre.

L'assemblée muette de cadavéreux gardiens ramasse les déchets des yeux collés. Demain les emportera loin, très loin de la glaise rouge qui restera dans les limbes des enfants mort-nés.

Empoignant un bouquet de promesses minces comme les roses flétries d'une noce disparue, les échos d'une nuit bleuâtre se défroquent et révèlent une belle peau rouge souriante, une corbeille remplie de mystère posée sur la tête.

Dialogue d'une chambre verte

à Roméo Savoie

Un bavard dérape dans son monologue écervelé, martèle son oratoire. Il bavasse même en frottant avec des mains molles ses jambes paresseuses, les yeux prêts à bondir de son discours obscur. Sa tignasse arrogante. Son auditoire inculte, des vauriens de l'espace qui épongent ses morsures à la dérobée.

… La petite entend Pépère chanter, l'accompagne en roitelet. Leur mélodie m'attrape mais se tait aussitôt. Un cyclone saisit mon éclairage et disparaît.

J'emprunte ces belles feuilles crémeuses quand la bière alourdit mes hasards, mes fringales, les oreilles renfrognées sous un casque de fer. Je me retrouve à m'exhiber en tableau à l'envers. Travestie en pauvre dévêtue, je mendie l'art et j'expose tendresses, caresses et promesses, défrichant et conjuguant quelque vague passion de juillet.

Cime épileptique

Dévorée de soif, nichée comme une herbivore monticole. Frappée d'une parésie, je bois gourmande du nectar cramoisi.

Quelques plantes survivent à ces hauteurs mais le vent assourdit les tympans, les nerfs spartiates s'étirent jusqu'au sommet de cette montagne drôlement rostrée. Elle ne se préoccupe pas des *Te Deum* qui se gazent en taxi dans la vallée, taxant l'avarice (pourlécheuse identique aux annonces de voiture ou de sexe). Ce sont des fondoirs où le suif reparaît en tranches de jambon suri, sentant le chat ou le chien. Métamorphosée, la viande pochée devient phantasme incapable.

Un singe a roté dans la face d'un ministre. Personne ne s'en est excusé.

Le propos de Mélusine

Parfois, j'aime parler, vider l'oreiller de ses plumes rouges et vertes pendant que la radio grignote la pleine lune qui me ronge à son tour. Et les loups-garous appellent les infirmières aux accouchements.

On peut nier l'eau et la terre de nos pieds, les branches de nos bras étirés vers le jaune aveuglement chaud. On aime que fonde son miel brillant, qu'il circule et traverse les rivières de nos pays. Même si le vacarme empêche notre monde d'écouter et de s'entendre.

Je fonce souvent sur les regards incertains…

Les fragments de chansons ressemblent trop à une musique mécanisée. On a peur de chanter, comme à l'époque des barbares où les enfants naissaient par eux-mêmes, à leur temps.

Merci pour les contes de fées

On s'est gavé de morbide pesanteur au banquet d'une ancienne enfance tragique ; le fromageux gâteau d'inceste secoue encore la queue.
Je n'ai pas à devenir une mère mécontente des stratégies ineptes, l'arme à l'œil, masquant le soleil, abusant d'un septième sens, inouï.
Le vrai se défroque du châle négrier ; le boomerang de cagoteries réclame son lanceur, le retrouve trinquant ses monstruosités… gaspillant quelques éternités.

On s'est mordu le front jusqu'à se casser les dents sur son défi violé… sans se battre, ne cessant de se débattre…

Il existe peut-être ailleurs, dans un sanctuaire de pure folie, des saules pleureurs d'où dégoutte une brûlure magique sur les perceptions limitées.

Les apparences dépaysées se retrouvent au milieu d'une fourmilière bouillonnante, tassée dans le sable qui vire partout.

Un beau grand noir jaune peau rouge me marche sur la tête et déchire mes peaux sous une pluie sans remords.

Brouiller l'eau pour ne pas s'y voir miroiter.

Regarder passer le train qui ne mène nulle part, et qui déraille parfois les ganses des pantalons constipés.

Pervertis comme l'embuscade de la quintessence, ils déploient les larmes comme des armes en plein délire.

Célébrons les célébrités
Célébrons les célestes et célibataires adversaires.

Ils me disent que c'est une phase, une fatigue,
l'énervement.
Pourtant je me délasse à court terme et avec beaucoup
d'intérêt.

Pourcentage

Depuis cent ans les porcines cathédrales,
Ces grosses cochonnes cannibales sont
Des joueuses de Bingo
Des danseuses de Disco
Des friteuses au Crisco qui se jettent comme des figures
de proue aux éléments d'un furieux février qui leur
raclera l'échine comme des épines de ronces.

Quand Montréal m'appelle, je dépasse vite les frontières des épitaphes, j'accours sans mon chapelet jazzé, laissant derrière moi les paperasses qui rendent hommage aux becs-secs inutiles.

Courte mémoire putain, faux regard serein de Krishna, la famille fanatique prêche l'amour éternel en se grattant les bébelles, convaincue qu'elle n'est pas de descendance mongoloïde.

On aime ceux qu'on aime.
On endure les autres.

Ils veulent faire et défaire une vie.
Je rédige la mienne, retournant les épisodes comme des mégots.

… Graciant mon œil, les colliers de sable glissent entre mes doigts.

Une réciproque vague d'impulsions conjuguait notre amour menacé. Comme un sirocco insistant elle a dénoué notre voix et l'a libérée d'un long silence d'isolement.

Verbiage cérébral ?

Amène-moi plutôt en pirogue vers les criques mouvantes. Je fume d'entrain. Je veux chasser les lois qui brouillent le firmament. Songeant à déguerpir vers les vieux pays où je traverserais des ponts, croiserais des frontières.

Parfois…

Parfois je considère les balles du 22 quand la peur ose rôder, quand la voix d'une belle négresse se laisse apprivoiser.

Parle-moi en corps étendu dans une tourbe glaiseuse. J'entends les récits d'une mémoire qui se déchausse lorsque l'hiver s'esquive, et les verbes d'été chavirent. Nous unirons nos paroles dans l'ombre des forêts. L'herbe rougira dans nos veines et sous nos pieds.

La brume joviale de ton sourire sort de son étui comme l'épée glissant sur tes hanches, effaçant les rires maladifs. Ankylosé de tourment, leur plaisir kleptomane est poivré de victimes gisant dans un ténébreux fatalisme.

Revenue d'ailleurs, errante, j'hermétise la parole qui ne m'habite plus. La répression, l'insomnie, me figent dans un état larvaire. Dans mes bousculades nocturnes, je suis une convulsive qui bannit les fusions et qui meurt de faim.
Tordue de dérision.

L'aura de Boris

Le rock & roll à la radio minuit-express diffame l'instrumentation sauvage.
Afrique, Afrique, une mémoire enflée de verbes chauds.

Les images entrent dans la pièce avec des miettes d'hier. Elles ne s'arrêtent pas aux caprices d'un cercle devenu vicieux.

On a d'autres thèses à sauver de l'égorgement, d'autres blasphèmes écumant au bord de leurs eaux fielleuses.

Au fond du prisme.

L'affront du crime qu'un prêtre raconte en anecdote cynique, en fétide répertoire aux paroissiens serviles et distraits.
Ne pas dire merci, ne pas souffler la flamme déjà vacillante, éclairant à peine les détroits lugubres de l'avenir : les éraflures deviennent des coups blessants.

Mais les tigres montent sur des broches en filets, ils bondissent sur les extincteurs épuisés.

La force avachie devenue proie de nos catastrophes.

On a déjà voulu jouer avec le feu… les ossements calcinés de l'histoire accrochent encore l'aiguille de l'amplificateur cosmique.

D'une pièce à l'autre

Je reviens à la maison vide.
Je reviens
les mots qu'on ne pouvait pas se dire grondaient comme
le large terrible qui broie souvent notre verve sous son
talon ridé. Des vautours vagabonds étalent leur psaume
sur la dune ; apeurés, ils restent perchés sur nos têtes.

Je réfléchis devant mon miroir, je renvoie à ma mémoire
les réfractions de ma chambre qui rappellent les faux
prénoms des étrangers.

Mais perçois-tu Quasimodo, le bleu-violet frôlant la
porte délicate qui s'ouvre à la découverte d'un farouche
courant ?
Il n'y a rien qui louche quand s'enflamment les yeux des
tigresses.

Les jointures des doigts, bouclées d'orage, se libèrent
enfin des contraintes du corps tandis que les tigresses
continuent à vociférer, à gesticuler, prolongeant leur
métier insolite.

Assise debout

Une madone chauve se lasse des chants grégoriens.

Le vendredi c'est notre journée de satin en feu que les cornes manucurées des faux béliers ne peuvent défoncer.

Ils vendent leur vie pour moins qu'une chanson.

… criblés de morsures

Une madone échevelée gigote au rock ; le chien ronge sa corde pour se sauver ; l'oiseau danse pour m'amuser ; la petite fait des chaînes de pissenlits. La chaleur glisse ses mains dans mon dos de soleil, glisse des yeux dans mes lunettes de pluie. Et le chat se glisse à mes côtés pendant que la ville ronronne, effrontée.

Sortie d'une maison de crasseux, la madone, devenue pouilleuse et redevenue chauve, par la force des choses, s'est mise à tricoter des perruques de Phentex, et Frank Zappa se promène nu-fesses devant ses quarante motels… C'est à faire fondre le miel d'une éternelle ruche d'abeilles.

Une ruse de gargouilles vient contaminer l'élixir de minuit. L'entrepôt de désirs est plein à cette heure. Les concierges du métro et de la gare font mine de ne pas fouiller dans les poubelles, et les séances de Madame Lola attirent toujours quelques esprits traînards.

Le vent agite un cerf-volant qui s'accroche dans la gueule d'un lion dont la barbe est plus qu'une forte crinière dorée.

Et la madone sourit en rêvant, se tourne en chantonnant que la falaise ne jette personne dans le vide.

Les marchands de verglas voudraient te convaincre de l'illusion de l'heure.
Cinématographiés contre leur gré, ils s'esquivent, menaçant les photographes avec des cantaloups et des oranges.

Constamment confettifiée par les voyous nucléaires, dessinant des visages de voleurs sur les marges d'une feuille endormie, j'ai tracé les liens d'antan pour nos devenirs,
afin de revenir.

Parce que l'hiver, l'hiver comme un *white-out*, un *wipe-out* figé avec la glace du matin,
la neige reste
et reste

… on avance à pas cousus.

Derrière un poêle en émail vert, une poupée est étendue dans une boîte à souliers. À travers le bruit de la pluie glacée, elle me parle d'un homme qu'on a connu.

J'aurais fixé la pleine lune dans son amour affreux. Mais mon frère en prière, ses litanies renfermées dans un atlas de perdrix perdues, ne sympathise pas avec mon amant imaginé. Comme d'habitude, son morbide plaisir distrait l'immoral et affronte notre perdition qui vibre, qui vibre.

On la convoite sans l'apprivoiser, on l'exploite sans l'explorer, cette soif des parfums, cette transfusion de sang froid pour nos veines enflammées.

Respirant le soufre du feu, répondant aux énigmes des sphinx, dessinant des triangles d'absolu, nous payons la rançon de l'appartenance.

Comme si nous étions les seuls que des monstres habitent.

Je fixe la gymnastique de nos formes souples pendant une seconde, une minute arrêtée. Plus on l'oublie, plus l'arc de nos corps enlacés nous revient.

Nous sommes sans visa aux frontières où nos passeports bégayent comme le vent dans les arbres asséchés. Dans le déluge constant du voyage, le voyage de mes mains qui tremblent, de mes yeux qui s'agitent, j'arrive en vacillant comme l'étincelle entre la brise d'épouvante et le bois qui la nourrit. Mes mains hésitent entre le retrait et le combat, entre la plume et le couteau.

Eau zen, air pur, où sommes-nous passés dans le virage des sens… ?
Si près de l'âtre, vivant un strict plaisir, nous nous sommes effondrés en poussière sur la ligne éphémère du temps.

Requiem en saule pleureur

Ta bouche écailleuse, ébouillantée, s'est promenée sur des échardes.
Mon beau grand dynamo télépathique, j'ai parlé de toi en '72, lorsque notre combat vertigineux déviait du chemin des ogres pour retrouver le fleuve lucide, les rayons de nos parcours.

J'ai devancé le cortège qui te portait trop lentement.
Mon sang coule encore vers ton océan, ta souffrance me navigue sur une vague de perles tumultueuses.
Ta rancœur laisse des cicatrices sur mon cou pendant que toi, le pendu, tu te fixes une place dans le cinéma réincarné.

Je déjouerai l'impossible, grimacerai dans les miroirs d'argile, riant gris quand ton haleine effleurera et décâblera mon cœur endormi.

Mes yeux à nu n'avouent ni dissidence ni divergence mais entrent dans une danse décidée. Ma boule d'énergie vitale me rend moins dupe, moi l'animale carnivore, mangeuse de venaison au festin des misanthropes.

Chassons l'angoisse, éparpillement né de l'hystérie qui émiette tous nos efforts.
Laissons déconner les icônes tragiques, complices du malheur.

Qu'explose le génie du spectacle, dégosiant l'amertume, inculpant la loi adossée au mur de la Justice ; avant qu'il ne s'effondre. – Jurer de ne plus se faire prendre… mais de toujours recommencer.

Mon chèque de mi-carême endossé, l'aspergence d'un nouveau baptême accompli, je participe à la noyade de l'Halloween. J'enfile des bas de mèches et je file aux tropiques en soupirant, fatiguée d'entendre pleurer dans ma bouche une licorne de paix.

Il réside encore dans le verger de mon enfance un loriot muet suppliant.

En '72, on combattait les brouillards de la terre rancunière. Fuyant sur la pointe des pieds, je tentais l'évasion impossible de la cicatrice sur ton cou.
Quand je pense à la beuverie fumeuse où flagossait ta belle brutalité… cette bagosse intarissable recrée une ambiance épidémique.

En mémoire de toi qui languis dans une morbidité, dans un complot que je dénonce aujourd'hui…

Tournant le dos à nos réminiscences, je briserai la vision linéaire de nos vieilles transfixions.
Replaçant l'espoir au centre de notre furie, je transcenderai enfin ta mort.

Je maintiens l'espoir de la survivance, j'attends qu'elle se délivre de sa lutte infligée, de son naufrage sans secours.

Je suis venue fracasser le soleil, jeter au fond du précipice les mirages endormis, transformer le fruit défendu afin qu'on puisse le dévorer.
Ouvrant la porte à l'Angélus qui nourrit mes sens, je fléchis mes muscles, mes instincts primaires, respirant l'inculte vitalité.
Je calcule ton exigence animale qui s'amène à pas feutrés, les yeux ouverts sur sa jouissance.
Sombrant dans une mer d'obsession, buvant l'eau de vie incarnatoire, je libère peu à peu mon anxiété.

Les aigles sont revenus mais toi tu ne reviendras plus dans ce brécheux terrain maussade, éclore en lotus fragrant. Tu ne sauras plus éteindre les klaxons, bloquer les phares aveuglants qui décolorent mes fantômes, qui déforment ton visage.

Gobant des souffles de vie mêlés aux pires gaz toxiques, je me rappelle une poignée de terre où l'on croyait vivre chez soi.
Sous les ongles, dans la chair et jusqu'aux os, le même cliquetis des squelettes s'accorde au rythme d'un orchestre perdu dans la jungle froide.

Serais-tu un cygne noir, un duveteux coussin d'appui sous ma caboche trouée, que ta chaude parlure transirait mes ailes…

Mais l'abandon a gelé mon lit, vidé les draps où j'initiais les empereurs d'autrefois. Leur tracas lunaire ennuyait la brise du suroît maniaque rugissant dans mon désordre. Ils restaient beurrés dans leur bave, tatoués d'excitation.

Un soleil dangereux chauffe dans mon ventre qui ne se remplira, qui ne se videra peut-être jamais. Défoncée comme le reste des illusions, je continuerai pourtant à valser devant leurs faces effacées.

Gymnastique pour un soir d'anguilles

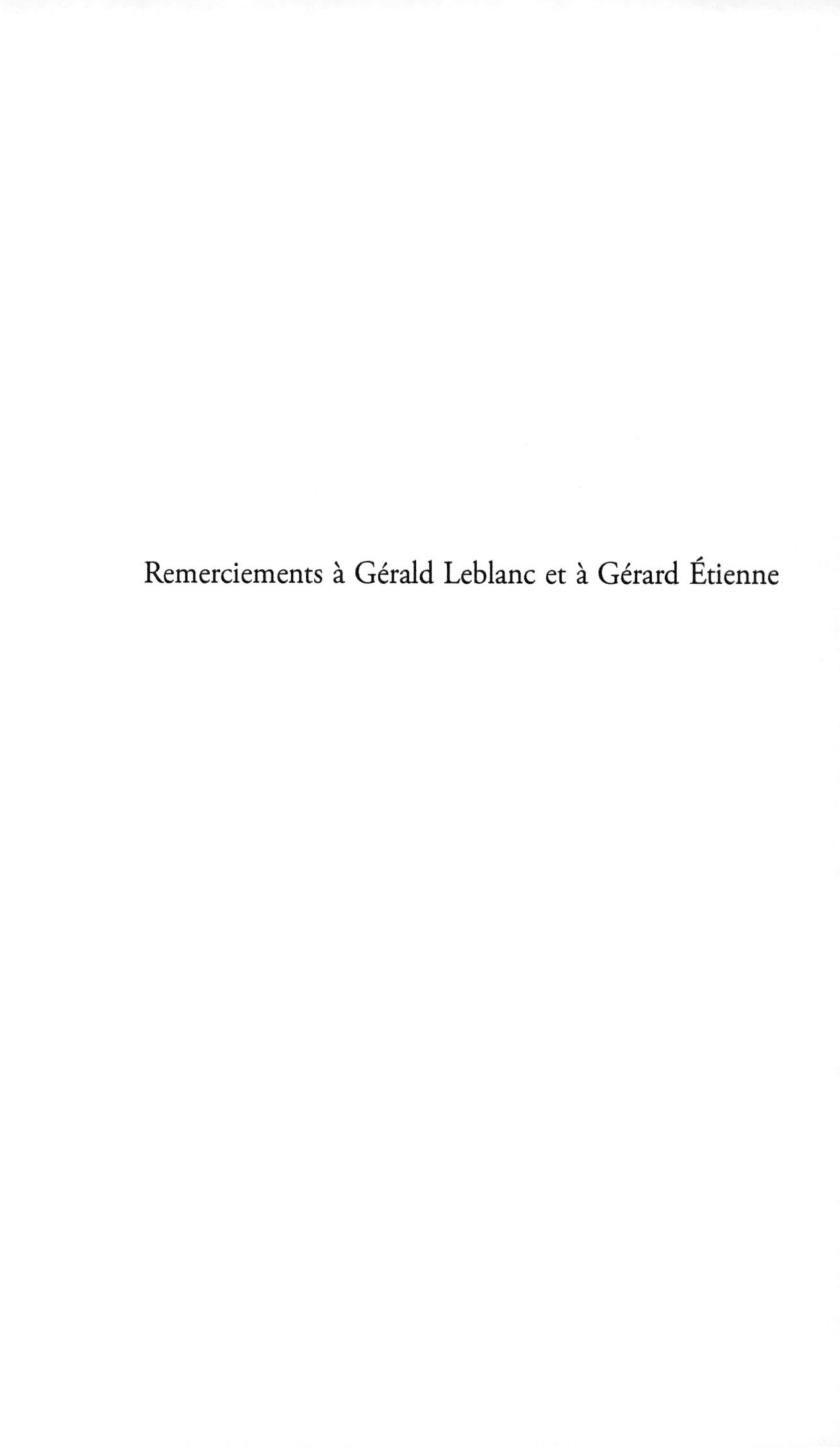

Remerciements à Gérald Leblanc et à Gérard Étienne

À nos frères désarmés : Armand Després
Guy Duguay
Daniel Ogilvie

Cher Gaston T.,

Le rouge
est rouge
était trop rouge

Ma robe de veuve, je l'ai teinte
puis raccommodée
déchirée et enfin
jetée.

Je n'ai pas sommeil.
Des gaufres se croient poétiques. Des petites peurs perdues dans la famine des personnalités se répandent comme une épidémie. En proportion directe avec les heures légumes des télévisionneurs.

Vive le vent marginal, astral, inaccessible et diversifiant. Ses modulations sont une poursuite géniale illimitée. Volcanique et robuste, un tintamarre sitarique, rieur, nous laisse pénétrer dans une autre musique.

Ça ne prend pourtant pas une clef magique.

Il se passe toujours quelque chose sur les ondes,
dans les Andes et sur le pavé, en bas dans la rue et à la radio.
Dans mes sens, ailleurs et en même temps, le passé s'est dépensé à courir après l'avenir, figé comme des larmes de sang argent, fondu fou bouillant, clair brillant fendant.

Pendant que des révolutions quotidiennes s'abstiennent.

Notre Amérique – Leur pays

Une aérienne, prise dans le ballet aquatique, glisse dans le fragile tourment des eaux.

L'obscurité insinuante fait la sieste, bas de nylon jusqu'au cou. Morose, couvant des enjambées grotesques, elle défigure la saison avec ses bourrasques.

Mais mon bel Apache, même perforé de désespoir, ta grâce alimente la batterie de nos cœurs.
Braqué en symbole phallique, tu joues sur les dimensions aphrodisiaques. Ta courbe se pointe vers l'Ouest imaginé où nous nous prenions pour des personnages importants.

Distraite maintenant, j'oublie nos conversations sur les bancs de la gare où les mouches s'emparent de tout.

Patriotes

J'appartiens à une race sans spécificité mais une forte louange passionnelle défend nos gestes incompris.

Les fugitives rumeurs émiettées, inconscientes, égrènent
quelques perles d'amertume
comme d'habitude
par habitude.

Et les propos du coroner impotent,
incapable de traiter avec les vivants,
passent au-dessus
inaperçus.

Le tempo fléchit, circule en oiseau-griffon.
La foudre magenta réclame l'étalon.

Mais ils ne sauraient pas de quoi il s'agit.

L'attraction est confortable et gourmande.
Et notre amour se détend, bat la mesure et la démesure,
les exigences et le figuratif.
La neige rêveuse est certaine.
Je la renifle dans l'air pendant.
Ma vie dégèle et laisse paraître un prisme formidable.

L'HÉRITAGE ?

Je vois encore avec mes yeux d'enfant ma grand-mère qui se berce à la fenêtre de sa chambre, sa prison façonnée du deuil perpétuel, miaulant, chialant des cantiques désenchantés.

Défaisant la lumière.

Elles étaient si différentes dans leurs habitudes semblables, ces vieilles dames, grands-mamans de chaque bord d'une clôture, mépris solitaire, étrangeté. L'autre priait en riant, en chantant et en parlant, sa vie une richesse de partage.

Amène la différence.

Les autres…

Les autres…
Sartre avait raison

Nous les empoignons comme des voleurs
dans nos maisons.
Leurs rejetons, leurs bas sales sur la table.
Pendant que nous dansons avec le violoncelle,
les guitares et les tambours tonifiant le cœur,
votre lugubre attention se pose sur nos biens.
Nous connaissons pourtant vos rôles sans les jouer.
Voyageant toujours à sens unique, malfaiteurs, abcès,
vous tamisez votre vie entière…

Une jungle d'éruptions anesthésiera vos démences
néanderthales, coiffera vos petits plaisirs somnolents,
vos idées toujours biaisées.

Cher Émile,

Le givre enneige mes sens

Je m'en vais

Je m'en vais

La fraîcheur de l'aube est adossée à l'impuissance de la nuit lorsqu'une girafe idiote, rencontrée par hasard, m'emmène trinquer une fois de trop.

La déception et l'illusion fermentent encore.

Je porte une jupe fiévreuse, toupillante,
charmée par les paumes du violoniste.

J'avais égaré l'enfant et son chagrin,
mais une gypsy m'a prédit le long détour à suivre.
Maintenant, ce givre transparent compte une à une les myriades de folies qui attendaient chacune leur tour.
La lumière annonce-t-elle leur réveil ?

Le givre éclate enfin de mes yeux.

Je m'en vais
Je m'en vais.

Cher Barry,

Un vacarme de maïs soufflé picotte dans ma tête-marmite, sue une fantastique poudrerie, balaye ses belles fesses et mes remords de tous côtés.
Un ensemble voluptueux de lèvres, bras, torse, épaules, une tête effrayante et drôle nous fait oublier le jour, l'heure et le lieu.
Les grosses manivelles ne tournent plus ici.
Le temps dépasse d'autres réalités.
L'ermite racontait une légende philosophique et nous écoutions, *mezmerized.*
On n'a rien vu de Paris, tellement nous étions épris de nous. L'aéroport était en grève et le pays, une menace.
Les bribes d'une chanson reviennent, le dialogue fou de ces deux bonhommes à la gare, te rappelles-tu ? On t'avait enlevé ton coupe-ongles au cas où tu serais un terroriste. C'en était tordant.

L'évolution d'une vague promesse dans leur conversation interminable, les hauts et les bas, les vas et les viens-tu ? jusqu'à s'esquiver de leur platitude et aller vivre.

Espagne *or bust* !

Castagnettes sur mon humeur impétueuse
comme l'éclipse de ta fuite en avril
en revenant de l'encan.
Riant de toutes nos couleurs.
Les ensuite et les d'ailleurs qui nous chatouillent.

Ils n'ont plus d'allure du tout.

On se défoule les chevilles et les hanches à danser avec le diable, un bien bon danseur, un si bon joueur.

Pendant que l'autre, la bête paternelle, rugit, dressé contre ses enfants terribles. S'il osait danser, dessiner le trépignement léthargique, néfaste, il saurait que la survie les efface.

Son menu, d'autres superstitions qui stérilisent les masses. Sa face tordue dans une rage imbécile, une haine empruntée, répétée, régurgite ses dieux et ses démons également infirmes. Il continue à bardasser ses absolus jusqu'à l'indéfini. Trop endolori, dépourvu, les veines écrasées par le désert farineux de son fanatisme.

Mais le violon hatchine, bourrasque, vironne en moi. Pour faire semblant de leur plaire, nous singeons leur petit enfer inventé.

Celui que nous vivons est tellement savoureux

et chaud.

Cher Zachary,

Rêvant à toi, je redeviens le tigre fleuri dans les bayous,
sans mon comportement de déportée.
À la limite de nos voyages tressaillent des racines
follement amoureuses de mémoire,
sauf dans la tête.
Dans les tripes, l'aventurier séjourne et son trajet est une
somnolence-souvenance qui n'a presque plus de sens.

D'où je débarque encore ?

Je t'attends comme une apostrophe d'été sous un parasol
géant.

Je me baigne nue, salée, soûle de la mer rassasiante.

Au cirque du nouvel âge

Sitôt la nuit venue, des vampires nous attaquent au
chloroforme. On les traite de poches molles, de têtes
plates. Pauvres types, ils ont vraiment tous les défauts,
toutes les difformités ;
les sales caractères.

Derrière les barreaux, une potion aromatique nous
attire, nous happe dans une promesse de destin fluide
où des valses lentes et sensuelles nous renversent,
nous traversent.

Allergique à leur logique pseudo-chic,
je répète mon répertoire de contorsions.
Et mes transmissions indécentes continuent.

Turkey Buzzard Stew

Tu caches ton ignorance ou la feins à volonté.
Mais le lit froid ne trompe pas.
Et je ne veux plus le réchauffer.

Visages fardés, épouvantails,

Il est plus de minuit.
L'angoisse, grande nocturne intoxiquée par le hasard,
chiale des attirails fatigués à une lune inexistante,
croit inventer l'avenir.

Son crime justifie sa culpabilité.
Une fureur louche précipite un autre nid d'oiseau dans ses espaces lugubres. Elle avale tout rond les œufs semi-éclos. Et son instant de victoire malsaine récolte des fausses gloires.

Un autre orphelin échaudé.

Comatose

Il reste accroché aux fils téléphoniques,
aux ondes des autres.
Sa vie doit être si cruellement banale.
Il veut nous sculpter comme de l'argile grise vient
fondre, plier en douceur dans ses mains.

Je déjà-vu à en voir double,
je flash-back à n'en plus revenir.

Et les odeurs !
La meilleure des mémoires !

Si la nuit porte conseil, on dort trop.
Et je ne deviens pas sourde assez vite pour assommer
les bruits au grenier surchargé d'affreux lutins qui me
jouent au bout des ficelles barbelées.

D'une incontinence à d'autres

Je suis chavirée de la ville, vile ville où j'ai chaviré, maman. Les gens de la ville, vile ville, m'ont aidée à saigner, maman.

Maintenant, la muse colore tous mes paysages de sa voix riche, me gigote le ventre par en dedans, et en dehors la musique parfois sourde, parfois éteinte dans ma caboche, semble lointaine, énigmatique.

L'Afrique aphrodisiaque m'affole, m'égratigne la nuque. Je veux reprendre la route plumeuse et claire. Envoyer des cartes postales de partout, tirailler les cordes d'un cœur poussiéreux, jouer sa musique de la brunante à l'aube rouge.

Il questionne mon besoin de solitude comme on reste heurté à une maladie incomprise. Quel absurde besoin insécure le pousse à dérober le peu de clarté qu'il faut tout simplement entretenir ?

Démancheur d'horloges.

Maniaque insatiable.

À cause de toi, les plantes piaulent et se chamaillent. Les poussières font des nids et les fenêtres malades ne veulent plus regarder dehors.

Tant pis,

Des enchanteresses formidables s'assoiront sur ta tête,
des amazones décideront de ton sort,
hanteront tes matins-grisailles.

Ils nous maudissent et ça nous rend important.
Ils nous craignent et ça nous rend dangereux.
Ils frôlent nos *mercy killings* et l'irréel et jouent une petite partie fanatique
qui leur tient tellement à corps.

Bagnoles usagées

Je me balance, pivote des gestes et des postures ignobles, presque humaine.
Et le désarroi hagard que je crée, la frayeur que j'invente creuse mon appétit.

J'ai tellement hâte.

Tu me proposes un enclos piteux et le sucrage d'une berceuse synthétique mais ils n'endormiront pas mes passions troubles.

Je fredonne un rythme de soleil, choyé regard lumineux.

Nous nous parlons avec impatience et dégoût.
Pourtant l'isolement et la révolte ne font pas un heureux ménage. Ils se marient sans se parler, se chagrinent en s'injuriant.

Bruitant des miroirs.
Il me paralyse et s'abaisse.
Borné, épais, tordu,
justifiant le tourment.
Amoindrissant la beauté.

J'appelle à l'orage pour qu'il apaise mon horrible tourment.
Je veux éclore ma peau de rage et renaître.

Mais il s'acharne comme le pendu à son câble. Si on lui offre la liberté, il retourne à la sécurité de sa souffrance-plaisir.

Accroché à sa prison comme à sa peau.

Cher Hermé,

La marmite vaporeuse, les ondes, m'attirent, me séduisent. Rares et sublimes, ses bouleversements pigouillent mes sens. Un rire cosmique n'est pas seulement drôle à entendre et contagieux, il est mordant.

Mais ils voudraient mieux nous atteindre, nous définir, encager, encadrer, catégoriser même nos insinuations, sinon nous perdre de vue... leur sécurité traumatisée.

Ils n'ont jamais rien su.

Faisons demi-tour, leur mordre les talons fragiles, les talents d'argile.

Even in your wildest ramblings since then,
you are always so real to me.
Broke the mold and the mask.

Je dévore ta poésie à croquer l'infinie chandelle luisant dans son œil pour la plume qui bannit suicide, tristesse, indécision.
Son bain parfumé se moque de la mort et de la colère.

Oser dire le pire,

le plus affreux

sans se perdre.

Clown sérieux et prophétique,
tu voulais hâter le changement, nous faire plaisir,
défendre un territoire,
n'importe lequel,
pourvu qu'il crie justice.

Théâtre I

Imprimé comme hier sur ton visage tordu.
L'ardeur fait jouir l'empire et crache ses passions,
essuie son cœur avec les manches de nos yeux.
Dévissant une haine empruntée, je rends la monnaie du
mépris qu'il a enfilé, un vieux capot d'impatience qui se
méfie des metteurs en scène fabuleux.
Penché sur l'estrade, ses idées en bottes de foin,
il brosse des tableaux à l'envers du grain.
Estime-t-il encore les absolus où il croyait tout puiser ?

Deux temps, deux peines.

Un temps,
à peine rempli,
son chagrin s'efface avec les pluies de demain.
Mais les mêmes platitudes règnent au comble de son
désespoir, le rasoir tondeur de toute promesse.

Gymnastique pour un soir d'anguilles

Je rentre seule, je rentre comme si on m'attendait,
mais les instincts insomniaques, les allusions fictives
sont devenues des projectiles qui se lancent à ma tête.

La terre promise est une terre incomprise.
Les idiots avec leur carnage-ravage ont tout gâché.

Pourtant je te retrouve comme un amant pour qui je
désire tous les succès et toutes les gloires.

La liberté entière de tes visions.

Ta présence

Mon désir

Nos aspirations.
Le plexus solaire éclate et vire sur lui-même,
se rembobine au biorythme cardiaque.

L'enflure dégèle.

L’évidence printanière, réactionnaire,
découvre les mains chaudes d’une autre nuit fiévreuse.

Une brassée d’anguilles vironnent à mes chevilles dans si
peu d’eau.
Elles serpentent gloutonnes, laissant du sédiment
muqueux, se faufilent et deviennent des algues
trompeuses dans la rivière d’ombrages où nous voguions
en silence, le fanal au bout du bras,
te rappelles-tu, Léon ?

Chez Bua Bua,

J'avais besoin de ton fil conducteur, des pièces du jeu intrigant que tu servais avec tant de flair sur de grands plateaux de cuivre.
Le lien que tu offrais sans effort, sa vitalité si nécessaire à ma subsistance nourrie de causes détraquées, de besoins obscurs.
Je n'aboutissais même pas à une ressemblance de moi.

Je croyais à la désillusion, la retraite, le recul pervers.
J'ai mal aux poignets comme si les mailles des chaînes tatouaient la peau qui ne ressemble plus à la mienne.

Je ne suis pas assez bien camouflée, je les attire encore comme l'odeur et la chaleur du sang. Les artères décousues éclaboussent et le terrain maniaque s'agrandit encore.

Sursaut des limbes

En route pour l'avenir, je me suis trompée de terminus,
je suis restée ouverte, une proie sollicitée.
Boomerangnant, révisant le passé, je marmonne une
devise inventée par d'autres, l'adapte, crois l'améliorer.
Un volubile incantateur roule son discours.
Déhanche la foule et nos têtes défaites.

Viens surprendre mon indigène fureur, accouchons de
toutes ces peurs imbéciles qui affligent notre entourage
déjà si restreint.

Comme l'espace chloroforme qui nous guette.

Les légendes me précèdent et s'éteignent,
s'égorgent avant de me raconter le plus mystique des
exploits.
La dernière fuite m'a ramenée à toi où luit le passage
entre les barreaux menteurs, où les potions sont les
coups de tambour hypnotisant.
Nous croyions avoir tout découvert. Avec nos taches
blanches dans le cœur, nos dieux diffames, et des
allocutions brodées de mystères douteux.

Nos crimes ridicules.

Valises à la main

Il reste accroché aux fils téléphoniques, sa cruelle
harangue pourchasse mes matins tranquilles.
La télévision envahit, éteint la musique dans ma
caboche, ma petite planète sérieuse et drôle.
Le frigidaire râle, secoue le sommeil fragile.

Si bientôt l'élan s'écrase, je ramasserai les pièces du
décor, débarrasserai mon champ de vision. Un autre
cercle vicieux s'estompera, étourdi, ses griffes molles
impuissantes, et la sciure recouvrira tout.
Il chavire mes meilleures intentions, paranoïaque mon
plus simple plaisir, questionne toutes mes réalités.

L'amour ne guette pas, n'attend pas non plus.
Reprenons vite ce moment parce que le temps n'habite
plus de lieux veloutés.

Lorsque nous ne rirons plus ensemble, nous aurons
maudit notre vie et notre amour.

Frôlant le meurtre et le vide.

Chersamis

Notre amitié reprend le rythme du moment revenu, des plumages toujours nouveaux pour les migrations à venir.

Cher Jean-Paul,

Jambidextres
bilangulaires et multidimensionnels

mais
peu disciplinés.

Voulant triompher de l'angoisse immédiate et faire écho dans les têtes de coyotes, j'avais renfermé le deuil en camisole de force. L'obstacle à la solitude guérisseuse a enfin échoué avec la marée féconde qui habite une transe continue.
Je suis recousue par ta généreuse tendresse. Une saveur fraîche de fruits sauvages voyage au petit déjeuner, me sursaute en dégel. Un fracas vital grenouille de désir dans les sentiers de musique à l'éclat délugeant du matin.

Mais je me demande qui a vidé l'âme d'Alice.
Elle est revenue, le sourire de catin mécanique écrasé sur ses faces.
Ils continuent de banaliser son quotidien à coups de fouet cannibales. Je les entends frôler ma cage, grinçant les barreaux de mes tempes. La chagrine défaite dans sa voix déteint mon ardeur-couleur-vive en blafard gris, détrempe mon étincelant regard. Y a-t-il d'autres hasards à précipiter comme des enfants sur la scène ?
Même s'ils voulaient censurer les paysages de nos bouches, nous pourrions encore mimer notre vie.

C'est un piège subtil qui ligoterait nos yeux,
étrangerait nos rêves préférés.

Mais nous écrions les regards silencieux qui nous
étouffent, nous beuglons la vie qui *gospel* dans nos tripes
comme Stevie Wonder au volant de la plane astrale rabat
la ceinture déguisement des vrais aveugles.

Braver la mer en voilier de tempête quand Saturne,
riant et orgueilleux dans sa robe de soie mauve,
des anneaux scintillants à ses mains rauques,
se moque des mortels…

Darling,
ils ne pourraient pas écrire
une couple de lignes
de suite…

même avec une règle.

Revenant du voyage

L'analyse cherche bien loin ses raisons : une mère que j'effrayais, des sœurs difficiles, étrangères, des amies d'enfance mortes ou disparues et mes songes d'où je reviens, comme extirpée d'une réalité saine.

Accrochant notre existence à la tienne, tu restais coincé entre les dimensions.
Pendant des siècles, il m'a semblé.

Le dos tourné ferme une porte brutale et nous quittons le pays, nos passeports à l'intérieur, à l'extérieur, à la main.
Inspectés, jugés, compromis, avec ou sans visa, on continue d'affronter les frontières imaginaires.

Une vie zen et fabuleuse. L'envie effrite les maudits matins maussades.
Just like a firing squad, baby, you drill my life full of holes…

aérant le quotidien trompeur.

Je me croyais loin des loups et des vampires, mais ils sont revenus, les muses et les princes,
chargés de promesses,
armés de nuances,
nous faire voir d'autres couleurs,
nous donner le goût d'étrangler leur passé, briser les mailles, taquiner, séduire l'avenir, le sursaut d'une corde hystérique que le vent gonfle, gonfle en parodie…

Et leur paradis est une platitude après l'excitation d'une vie qu'un vieux chenapan cherche à happer, se crossant sur nos plus belles toiles comme un chien sur ta jambe.

J'aimerais réarranger leurs mâchoires pâteuses…

Mais un signe, une éraflure me frôle le visage. Une peinture me guide, un tableau fou reste imprimé derrière mes yeux.

Chère Lina,

Un printemps délicieux, plein de folie d'été me possède dans son aventure sensuelle, dans le plaisir du plaisir. Ce soir il grêle des souris gratteuses, le vent secoue sa tignasse pluvieuse et je tempête dans ma chambre tranquille. Je détonne, j'entonne des grenades-sérénades. Arpentant cette cage, je libère l'amour qui se réfugiait autrefois dans une folie trompeuse.

Ah oui! tous les *blue tuesdays*
les *gut feelings*.
On se disait des *spiritual athletes*, n'est-ce pas?
nous les *angry young men*
les *angrier older women*.

Ces îles croient toujours posséder nos vies, mais l'idéal nourrit nos quotidiens bourrasqués.

So we ruffled a few feathers… ils nous déplumeraient vivants!

Mais toi, tu n'as jamais dénoncé l'avenir avec un présent muet. Tes pieds de paysanne et tes fantaisies de duchesse sont des fous rires en l'air dans un champ de fleurs qui sont devenus un voyage solitaire, une flûte d'enchantement, un songe éveillé.

Ton image, un biclement d'yeux fermés après le regard du soleil, brûle des étincelles rouges magiques, une mémoire vivante sous les paupières closes. Comme un missile guidé, tu as ouvert mes poumons et je recommence enfin à respirer la poésie.

Une traître lune scorpion est venue tourmenter le mot juste pour tout lui faire raconter…

On riait beaucoup ensemble,

À notre prochaine rencontre, ma douce amie.

Nouvelle-Orléans

Yeux louches du départ
Un chien filou danse avec une lune entêtée.

Et nous, maigres coquillages, passons inaperçus
sur les routes magiques des univers flamboyants.

Les rythmes reggae, zydeco, bluesé, le jazz, cognent à la
porte et m'amènent parmi les oiseaux-mouches. J'ignore
le mal aux poignets où des chaînes tatouaient ma peau,
où les parasites infectaient les plaies brûlantes.

L'escalier mange mes pas incertains en grognant de
plaisir mauve.
Mauve comme le soleil de l'aube qui caresse à peine la
peau du visage.

Bâton Rouge

Au macabre matin brillant, des méduses desséchées.
Vénus, reluisante d'une plongée marine, le ventre
mort enveloppé de nuit, fuit l'aube grisée. Silencieuse,
un début de geste figé, elle s'allonge sur la table, dort
inquiète, ruminant les tempêtes d'autrefois, rongée par
des menaces orageuses.

Elle ressemble aux tristes enfants qui raffolent des
surprises pleines d'humour.

Son visage serein et soumis déguise une prison meublée
de fables, d'allusions brutales préméditées.
Et le sang commence à bouillir, son angoisse indécente
se laisse emporter au rythme des vieilles Cadillac.
Sa mémoire tenace dégèle une passion échancrée,
sème des lueurs, des clins d'œil dans un miroir brumeux.

Elle croit entendre une berceuse créole.

Capable enfin de repérer le désir pyromane qui écho
dans les hôtels désespérants.
Déjà aux sorties, le feu mijote, possède le corps dans
l'inattendu où l'avenir incendie tout.

Lafayette

Un roi de pique détourne la risée des lucarnes espiègles,
les invite à la déraison.

Mes mains harcèlent la chemise de son dos,
éperdues de reprendre les ébats synchronisés.
Il parle une candeur érotique, une poésie voguant loin
de l'intrus spectral et suspect.
Brisant mes yeux voilés, grâlant mes notions muselées,
son regard joyeux flambe la table où je reste assise à
l'envers sur les traces laissées par des motos puissantes.
Elles incarnent toujours une passion trouble
et vivace que je reconnais.

Mors aux dents, leur convoi galactique me catapulte
dans une ruée poussiéreuse, crevant les lois de la vitesse.

À mordre le présent

Dents serrées
mâchant une rage d'hier
une rage d'hiver fondant autour de nos têtes en feu
autour du cœur qui reprend peu à peu
son rythme
son hymne rocheux.

Les dents serrées à grincer la rancune, l'orage de révolte qui surgit pendant que la déception, mot d'ordre et passe-temps préféré des téléromans, rame sa religion politique brumeuse.

Dents serrées, ces mêmes dents dévorantes qui mâchent notre langage ; comme les yeux gris maussades de la tempête nous tiennent éloignés.

Et ne rien se dire
ne rien dire
comme si le silence valait encore de l'or
comme si l'or ne parlait pas plus fort.

Langues en harnois. Belles bêtes sauvages entraînées pour le cirque maudit. Enchaînées, elles dansent des pirouettes au craque du fouet, la musique d'ambiance délabrée, abusive.

À vous la déraison

À nous la dérision

C'est à peine si on vous tient à l'écart, nos crayons affolés…

C'est-y parce que vous comprenez mal l'anglais qu'on doit être misérable dans notre peau de chiaque?
C'est-y parce qu'on n'a pas acheté la sueur des autres avec l'argent gagé en mesurant leur sève?

Vous nous en voudrez toujours…

Reprendre la respiration, l'indépendance saine.
Écrire la nuit lorsque les courants d'air transportent tout.
Écrire la nuit pour ne pas maudire le jour.

Commencer n'importe où
À n'en plus finir
Changer de peau
Chavirer le rythme
Déménager de cosmos

La couleur de la musique peint des toiles changeantes qui transforment la routine de janvier en délire de juillet.
Nos deux caboches collées sur l'espace restreint de la fenêtre, nos idées chaudes et lumineuses sont des mouches à feu errantes jusqu'au sommeil caraméleux.
Riant, émerveillés dans notre nid, nous restons juchés en lucarne au-dessus de la forêt fantaisiste.

Cher Martin,

La nuit ne porte pas conseil
            mais conflit
            confusion
            et miasme
La nuit accroche des souvenirs à ma porte
lorsque parfois je dors
Et ta contrebasse me hante, accompagne encore
l'invitation aux blues de Tom Waits.
Tes dessins animés, les armoires parlantes, meubles
vivants.

Ta bière désastreuse

Notre danse de Noël
L'amour impossible, doucement désespéré. Tu m'as dit que si je m'en allais, on ne se reverrait plus. Je cherche ton nom, je cherche ton visage dans les rues de Montréal. Tu reviens éclater dans ma mémoire incrédule. Ta démarche, ta posture, ton corps nu, ta tignasse amérindienne couvrant ton visage à la contrebasse dans le salon éclairé par la neige tombante, pendant que je traduisais pour toi les paroles des chansons de Tom Waits.

Beau, si beau, je n'en croyais pas mes yeux.
Et tu m'aimais, je n'en croyais pas mon cœur.
Somehow you fit me like a custom-made soul. Tes yeux tranquillement dangereux. Ton explosif silence.
Tu me manques.
Je suis saturée de ton empreinte sur ma vie.
J'écoute à la fenêtre de ton cœur,
j'écoute derrière tes yeux.
J'appelle.
Te rappelles-tu notre promenade ivre folle joyeuse sur les trottoirs de Montréal magique et Chez Bunuel ?

Chère Faye,

Nos océans ne sont que des petites veines chatouilleuses sous la peau des dieux moqueurs.
On n'aurait plus peur de la prière si les mots dépaysaient, dépouillaient les mystères poussiéreux.
On peut se permettre une souvenance qui réclame l'attention, une raison qui reprend la récolte au ralenti de l'automne, laissant feindre le passé hurlant à cette même lune dévisageante.
J'enrichis mes coffres-forts de réels démasqués.
Je les admire, les classe, les replie.
Et le salange dans mes veines demeure la force mouvante qui propulse notre voilier vers l'aventure, vers l'élan joyeux des horizons jusqu'ici limités.
Maintenant, David, son regard penché sur ma vie défait les accrocs de nectar, drogue, médecine, addiction, obsession, ces jeux aveugles obstinés.
Une beauté intacte, les traits de l'idéal se gravent dans ses yeux d'exalté, même si son destin est l'affaire des lois qui voudraient réclamer un dernier silence.

Voyage en *Stand By*

Un cauchemar claustrophobe, ses jarretières à l'air, la tête pleine d'anal-gésique, apostrophiait tout le monde dans l'aéroport.
Le champagne voulait dés-impatienter les vicieux, versait la frustration des sens habillés, les habitués de névrose et de psychose assoiffées.
Les grands con-naisseurs ne naissent pas vraiment mais ils savent déconner.

Cervelles de porc et langues d'acier.
Je trancherais, ronflerais le suif, en sifflant des airs de fer forgé.

Leur mordre la jugulaire sans m'empoisonner...
Même vider le fiel est risqué.

Ils grognent moins fort pourtant.

Mais je n'attends plus, et l'écho de mes pas pressés et les bruits de l'aéroport s'estompent et la musique revire l'avion-navire, les vagues pulsent la pression sanguine, et...

Et il m'envahit comme un barbare, l'abandon seul nous importe pour le moment et nous décrochons, l'avion décroche, le bateau file à une vitesse ivre.

Je songe aux longues heures d'amour qu'on a fait durer
pour que la nuit reste,
pour ne pas atterrir.

Mais l'envolée du matin a tout chambardé et je suis en route depuis tous ces voyages. Sautant d'une rive à l'autre, d'une incarnation à d'autres, antérieures,
extérieures,
à en perdre le présent.

Cher David,

Y'a fallu que tu retires ta coquille d'horreur pour me parler.
Y'a fallu que je déchire ma vie à l'envers pour t'entendre.

On a tellement joué avec la mort qu'on ne savait plus vivre.
Les autres forçats convaincus de leur innocence, le temps les dévore, comme la faim de l'errance me ronge dans ce désert jaune.

Je reviens de ce voyage en haute mer turbulente, dangereusement ravivée.

La vie prodigieuse

Je remercie chaleureusement Doris Alfonso-Desjardins, Jeanne Palise, Louise Després-Jones, Eva Leitner, Renelle Chiasson, Raoul Boudreau, Hélène Long, Joel Boilard, Carrefour pour femmes, Diane Gautreau, Janice Boudreau, Gérald Leblanc et Jean-Philippe Raîche.

À mes parents Marguerite Goguen et Lucien Després

Prise I

Nous pourrions peut-être vivre sans poésie
mais pourquoi le ferions-nous ?

On peut tout avoir

La poésie logique
lucide et gantée
sérieuse ou affolée
criminelle et pure.

Elle ne rencontre jamais la frontière
affronte les obstacles à sa respiration
enjambe avec ses féroces regards les mondes entiers
elle galope à toute allure
déferle obscurité
artifices.

Rivale des grands libérateurs
elle se réjouit de la force de la beauté.
Au large des longs chemins
les paysages coulent
roulent
comme une source cachée à l'ombre
à la lisière de l'inconnu.
Elle galope sans freiner le présent
ne s'attarde pas au ravage fermenté
sur le terrain glaiseux
où aucune récolte n'est possible.

Nous avions tellement hâte
nous voulions hâter la course
raccourcir le temps pour arriver plus vite à nous.

Nous voulions faucher les herbes sèches
mais le virevent feu follet éclate
un firmament erratique.

Elle reste troublée d'orages
fonce encore
et les cauchemars de bandits tueurs
ne détournent pas sa locomotive-lumière-vitesse
du parcours à suivre.

L'ivresse la baigne
flotte dans l'euphorie
le corps enfin oublié.

Éros
enrobé de parfum illégal
somnole fluide
nous emporte à d'autres rives
à d'autres vies.

Semence trouble

Et la part des autres dans notre vie
l'espace qu'ils réclament
qu'on leur cède
ou pas.

Le message leur parvient-il ?
Sommes-nous des étincelles
du grand brasier qui dévore tout
le grand destructeur qui rase
puis regénère l'émerveillement ?

Qu'il incendie !
Qu'il se gave de leurs déchets
et réclame le terrain purifié
pour une tout autre semence.

Tourner la page

La routine caverneuse ne m'ennuie plus
n'est plus la mienne qui relève du paysage mystique
du corps plein de formules et de potions musicales.

J'attends avec joie
j'ai envie
je crache du feu
j'éternue la vieille misère miteuse
je rêve de nourrir la flamme du jour nouveau
offrir mes louanges à l'espace où mijote le mystère
où le scintillement de la perle des yeux
imagine l'au-delà dans l'autre.

Possédée

Survolant la détresse sans se poser
tellement d'angoisse
si je n'avais pas esquissé les gestes
si je n'avais pas dit les mots

En usant les parodies
j'ai fracassé les vitres d'horreurs
qui à peine nous séparent
tiennent à l'écart ces vents rageurs
qui nous reflètent
mais qui ne sont pas nous
et qui ne sont pas vous.

Fiasco

Leurs paysages nous baignent
dans les excréments de l'inhumanité consciente.

Ils détruisent la planète
ces macabres maraudeurs
déchirant le tissu de notre vie
enguenillant nos aspirations.

Pendant que la panique de la hantise trahit la vérité.

Écrire

Même si elle paraît angoissante la valse prédestinée
l'ouvrage dans la noirceur est un stimulant fidèle
qu'on accueille euphoriques.

Une vraie délivrance.

Obsession

N'essaie plus d'étouffer mes prières
de les enchaîner avec l'encens et les lampions.
Les litanies d'argent de la grosse truie monstrueuse
écrasent et dévorent ses petits.

L'entêtement aveugle de l'ignorance parle trop fort
cherche à convaincre
veut se convaincre
maintient son point de vue borné.

Médiocre mortel voué à l'inertie
incapable de changement
de jouissance
d'amour avoué
tu gaspilles le présent
clôtures le paysage
rancis le sensuel délice
dérobes le cocon
empêches la chrysalide d'éclore
ne deviendra jamais papillon fabuleux.

La prison de ton corps
à l'image dont tu façonnes son dédain
ta petitesse visqueuse pitoyable.

Cannibale furieux
tu es un pauvre démon démuni de pouvoir réel et de grâce.
Tes ailes renfrognées, calcinées par l'infernal volcan de la peur
sa lave si dense recouvre déjà tes empreintes sur ma peau.

L'audace bafouée
l'inertie t'embourbe.
Au lieu de plonger dans l'aventure
tu restes friand du malheur, ton albatros.

Éclipse mon cœur

Change la lune dans mes yeux
peins le mépris sur mon regard
cicatrise-moi une bouche tordue
les yeux brouillés
les idées ailleurs
et je deviens distraite
anéantie de chagrin
hors d'usage
poussiéreuse.

Des lèvres craquillées
chuchotent l'âcre solitude
ses tromperies onctueuses.

Où est l'aventure guérisseuse des ombres
la vie prodigieuse
le reflet somptueux de l'étang serein ?

Sans toi

Lorsque je reviens de mes escapades
mes sessions de rescousse
je n'ai plus besoin de cacher
ni de défendre le feu brûlant de mes yeux
des tempêtes exquises me voyagent.

Même si tu as ravagé le bonheur
jamais plus tu ne siégeras dans mon âme
tu n'atteindras plus mon cœur
avec tes coups de bottes lourdes et graisseuses.
Tu ne gêneras plus mes envolées.

Collision frontale

Chacun persuadé d'une suprématie
quelle conque !

Confusion
contusion superficielle
souillant les derniers vestiges
émiettant les dernières possibilités
éreintant, foulant la fraîche allure.

Vous abîmez l'humanité qui nous reste
bestiolez le langage.

Noyés par le passé
vous restez en suspens
tordus
piégés
pollués
sacrifiés

puis disparus.

Feuilles mortes empâtées

Un grincheur morbide arrache les enfants de nos ventres
crève les yeux du présent
rechigne ses plaintes suspectes
sa louche vision de l'univers
(*decaying our longing and our love*).

J'ai pataugé dans ses étangs boueux
ses marécages puants peuplés de mutants muets.

Il se flatte depuis si longtemps qu'il se croit caressé par un autre
imagine une réflexion dans l'eau sale qui n'en donne pas
jette sur nous ses ordures
ses mégots brûlants.

Des incendies bondissent partout.

Dire vrai

Distorsion, déviation, tangente, détour et cul-de-sac
d'autres mots pour mensonges.

Tu mens
tu as menti.
Mentiras-tu toujours
blâmant la vie
et les autres ?

Tu respires la haine, souhaites le malheur à tous,
méprises l'inconnu,
rejettes la lumière, éteins le plaisir, embrasses le gouffre,
étrangles toute respiration.

Tu sièges à un trône pourri de terreur qui t'écrase
qui t'encrasse dans une solitude que pourtant tu
détestes.

Tu élargis le terrain maussade
où la seule récolte possible est le troublant délire des
damnés.

Les mots

J'épuise les vers
les estropie
les questionne
j'attends un amant qui ne reviendra pas
qui n'existe plus
qui de toute façon
ne me disait rien.

Depuis longtemps
il n'apportait ni fleurs
ni cadeaux
son amour déséquilibré titube et trébuche
comme les rues de Paris soûlées de chagrin
chagrin qui surprend
qui est le mien.
Ses compagnons constants
abandon et oubli
ses cloches sales puantes vomissent des clochards
sur les trottoirs ivres morts.

Brutalité

Surpris de l'indécence
de la force qui bloque ton passage
ta fureur malsaine se venge sur l'innocence d'une enfant
défait son bonheur.

Brutale insouciance
ton poison fétide
jeté sur la passion de vivre
étouffe l'ardeur créative.

Ta bassesse
ton imbécile sentimentalité
piétinaient mes créations
refoulaient mon entrain, ma vitalité.
Mes couleurs se fardaient
devenaient fadasses
s'estompaient comme l'amour déchu.

La tolérance finit par se révolter
apostrophe
éclate
défait le nœud dans sa cravate
déguste des melons
dessine des folles images
tire la langue aux passants
lance des ordures aux politiciens
et des boules de neige aux bagnoles terribles.

Un quotient intellectuel de moins dix
en dessous de tous les zéros
il ne mesure plus l'usure
il nie tout
exerce un métier ordinaire
dort   juste   assez
Il s'approprie des *flashbacks* désuets
discarded by other, friendlier folks
se voit transplanté sur d'autres planètes
transparentant des obscures frénésies
tremblant jusqu'au bout de ses doigts hostiles
ses cheveux ligotés
les yeux à l'envers dans sa tête ignoble.

Il fuit les rencontres, cherche les fauves pour les abattre. Il s'estropie à parler mais il n'écoute ni les arbres ni leur esprit.

C'est une mer déchaînée qui l'accompagnera
le transportera en eaux limpides
où il pourra enfin se glisser à l'abri des mortels.

Je n'écoute plus la lune balleriner ses traces éblouies
son masque lumineux
ses lèvres que je cherche depuis la nuit des fous.
Un curieux sabotage délie mes coiffures soignées
intrigue mes hanches endimanchées.

En français, s'il vous plaît

Une langue déconnectée
étrangère comme tant d'autres
résonne en moi sans s'identifier
reste à l'écart
profondément ancrée
mais vibrant à d'autres sons.

J'ai beau connaître ses affinités avec ma nature
la musique et les couleurs de chaque mot
touchent les cordes d'une vocalité
d'une oralité extrême.

Qu'importe le texte?

Mode *auto-destruct*

Détruis la joie
étouffe le désir
et les menteries te sauteront à la gorge pour t'étrangler
et je danserai sur la terre qui revêtira ta prison finale
ta case malheureuse et misérable.

Tu ne gâteras plus la fête
tu ne mettras plus en conserve l'ennui
pour l'ouvrir quand la joie resplendissante ose visiter.

Couple néanderthal

Ton silence
un bruit masqué
bloque mes tentatives
claque la porte à toutes mes inventions.
Tu manœuvres tes monstres dans mes contes de fées.

Pourtant la vitre émiette le sang dans nos veines
si on confie l'avenir aux singes moqueurs
sans imagination
qui pillent et violent même en plein jour.

On s'amarre les chevilles et on croit danser
on se bâillonne et on croit chanter
on enchaîne le cœur et on croit aimer.

Cesser de se plaindre
calfeutrer les fuites
déjouer les invasions
jeter la discorde au gouffre où elle appartient
abolir la souffrance et jouer à la cachette avec l'amour
sans jamais l'apprivoiser.

L'écriture

L'écriture, m'a assuré Jean-Paul Daoust,
c'est notre planche de salut
comme une étoile filante elle nous guide à l'infini
dans nous-mêmes.
On me dit choyée
moi qui me croyais victime.
On me dit privilégiée
moi qui me sentais étrangement dépourvue.
On me dit chanceuse
mais je risque tout pour ces aventures fantastiques
dans l'imaginaire où je vogue dans la nuit
décapitée.

Maintenant l'éventail déploie ses ailes
courbe le dos du cerf-volant magnifique
pointe du doigt la vie prodigieuse qui se dévoile.

Grandissent et grandissent les cercles
de l'eau mystique
où l'on plonge comme des cailloux.

L'insécure

Monotone et triste vision étroite
à deux dimensions
la sienne
et celle des autres.

Petit personnage perdu
dans son tourment innommable
insondable
qu'il n'ose pas défier
ni définir
et lorsque tout s'effondre autour de lui
il continue sa routine morbide
chloroformé en lettres minuscules
et en noir et blanc.

Il n'y a rien à lire entre ses lignes
il arrête la respiration luxueuse
d'être
de vivre.

Nous sommes des grains de sable
entre les doigts des dieux farceurs.
Nous ne possédons rien
ni les enfants
ni les prisons de passage
qu'on a construites pour abriter nos craintes
et cacher nos petits plaisirs pudiques.

On pense encore tout haut

Faut-il encore baisser le volume
atténuer l'intensité dangereuse
laisser pénétrer vos soupirs malsains
vos bouches à nos oreilles ?

L'odorat aussi
ces graisseux
hargneux porcins enfoirés.

Laissez-nous inventer des courants d'air
aérer l'étouffement.

Rends-moi la monnaie

Tu oserais t'esquiver avec mes fresques
mon superbe costume en lambeaux.

Pourtant je t'aimais plus que l'essence de la clarté
qui retient le papillon lunaire.
Je t'aimais plus que les océans où se baignent
mes offrandes à la déesse nocturne
en chorale de louange à la nuit qui luit.

Saison perdue

La neige flotte insouciante
sur nos jardins ambitieux
nous refroidit
engourdit nos instincts.

La passion ne tourbillonne plus maintenant
ne grandit plus
et les sillons disparaissent du parterre abandonné.

Gouache

Panache
ramage qui savonne les expressions usées.
Des rideaux-barreaux éclipsent l'audace
l'épeurante liberté qui pourchasse
qui magane.

Tu restes captif
de l'ignorance et de l'ennui
l'ignorance crasse de l'entêtement
du fanatisme
la folie fugitive qui salit tout.

Ton chancelant voyage dans le néant final
coince nos espoirs dans ses rancunes
ses estroperies
ses grincements boiteux.

Ton bruit m'échine, enfle ma tête de cailloux
tu occupes toute la place
l'espace autour et dedans.
Tu veux posséder l'odeur des autres
jalouses la passion.

Incapable de créer
tu retiens, encages l'oiseau
tues sa mélodie
étouffes son destin.

L'anal-phabète

Elle se pose, la terreur
et le poseur
se croyant penseur
déteste ceux qui ne lui ressemblent pas.

Notre candeur possible
malgré les odeurs malsaines
des vaseux désagréments illettrés
malgré les gueules insipides
face au mystère bouleversant de la vie écrite.

Al dente

Chez nous ça rage
le vent sile à travers les murs
et les plaques de courants électrifiés.
Les courants d'air s'inventent des manières
les idées chauves-souris vampires guettent la nuit
grimpent et s'agrippent au plafond
comme des chats frénétiques.

Interférence

Ne joue plus sur mes ondes
tu le regretteras.
Des gardiens d'éclairs guident ma plume
mes pas
fluidant les gestes
les idées rapides
patinant des sauts magnifiques
pirouettant des sentiers magiques.

J'ai toujours hâte au printemps.
Et toi
qu'attends-tu de la nuit ?

Free at last

Je n'ai plus à faire de courbettes
plier l'échine
sourire poliment
ou politiquement.

Tu n'es plus là
respirant l'air de mes poumons
vérifiant mon pouls
(ma température ambiante).

Tu n'es plus là
tous les matins valent d'être vécus
je me réjouis de l'aube sans imposture
sans dictature
et sans menottes.

Merci
Those small and tender mercies are a wondrous and great salvation.
L'écume disparaît de ma bouche
L'esprit peut enfin grandir.

J'ai cru pendant un temps si long et tragiquement incertain
que je ne reverrais plus la lueur lucide du trajet solaire
l'horizon à l'infini comblé de tendresse.

Le silence me réjouit
me rassure
éteint le fracas de malheur dont tu m'enveloppais.

Misfits and mayhem
À Patrice Desbiens

Les cajoleurs de métiers
les bons menteurs sont redondants.
Ils estropient
confondent l'émouvante vérité
avec les fantômes des premiers écarts.
Secouant leurs illusions complices grandioses
ils pétrissent nos visages avec des carapaces de cuir
clouté.

On est surpris d'écrire quelques mots.

Grillés d'un soleil costaud
leurs propos troublants
reviennent en missiles guidés à nos voisinages discrets.

Ever think of walking in our shoes?

Calvados

Je buvais pour faire couler l'encre.
Je buvais pour pleurer les larmes étouffées
dans les caves humides.

Les fortunes comme l'amour
imaginé
gagné
perdu
foutu aux brises angoissées
à la folie maladroite et mécontente
qui ne siégera plus comme une forteresse
même si elle sait désarmer le mensonge
et la trahison.

L'échec décidé d'avance
détruit le mystère dans l'autre.

En simulé

Signature frauduleuse
tourmentée comme un labyrinthe.

Tu es un causeur
un maladroit malodorant
dont la transparence tourbillonne
comme un fouet sablonneux
pinçant les visages des bâtisses
et des gens.

Et parmi tout ça, un nénuphar

Les *straight and narrow* atrophiés
leur conjugaison parcimoniale
matrimoniale
farcimoniale.

Exiger des réponses
convulser les obligeances
dire la vérité
même celle des autres
répéter la musique jubilante
exécuter les infamies
bafouer les vainqueurs de tendresse
et chasser les faux-monnayeurs qui taxent notre
impatience.

Quand la houle

Plongeant dans le désir
nageant le jour
brûlant la nuit aux deux bouts
croyant au mirage d'une vie à l'horizon maniaque
comme on veut croire à la bonté innée des autres
à demain
aux miracles
à l'âme ouverte
au sourire gratuit.

Pourtant, vous êtes tous en moi des navires chavirés
bourrasquant le franc regard de la tempête
mon œil ouvert comme celui de l'ouragan.

Prise II

Ruelle cachée

Dans une belle vaissellerie
un vieux marchand à l'abri de la ville et de ses échos
emboîte soigneusement les commandes de la journée.

Couver des regrets

Réchauffer
revivre une fois de trop le passé
trop longtemps
trop longtemps passé.

Dans la cérémonie solennelle,
le langage n'est pas mélodie langoureuse
qui séduit, secoue et flatte la mémoire immortelle.
Délogeons les souvenirs
et le corps passe à l'action vibrante et claire.
Un chemin parfumé plein de virages
ralentit nos courses folles suicidaires.

Et les sons éphémères surprennent
sautillent dans la vapeur et l'odeur du café
se réjouit
flexe un corps musclé
prospère dans cette pièce accueillante.

Pendant que l'allusion réchauffe et grandit
le rêve marche à ses côtés.
Dans ses yeux grands ouverts magnétiques et moqueurs
les nuages excités comme des mouettes
s'envolent
vironnent comme des algues à nos pieds
dans l'océan de salange enivrant
et partout et nulle part
le temps
le vent
s'arrêtent
nous arrêtent.

Du calme avant la tempête?
Pourtant c'est la tempête qui finit par tout calmer
figeant la fureur.

Fantaisie

Au juste retour du réflexe, l'art discute
dévoile ses courbes et ses recoins.
Le repli du tissage, processus méthodique
d'une pensée frivole ou fantastique
reste constant et inconstant.

Nous sombrons dans le gouffre
dans l'abîme d'un lieu clos délabré
logeuses en négligé
confortablement paresseuses
ivres mortes d'abandon jusqu'au réveil inattendu
inespéré.

Le dragon immortel
l'œil veilleur
guette le trajet énervé
des papillons lumineux
traçant comme nous
des ombres géantes
sur les murs de sa caverne secrète.

Café anonyme

Le serveur rôde comme un vautour épiant sa proie.
Exécrable petit morpion figé sur la peau de notre
dialogue
rampant au bout des cuisses affolées
des gorges hystériques
rampant à l'envers du protocole
dans les profiteroles.

La révolte en bourgeon
face au néfaste
qu'elle efface
avec les bribes de non-sens
qui s'élancent comme tant d'injures
tant d'injustices qui nous démanchent.

Jeu de patience

Fresque de fraîcheur et floue francheur
l'as fendu décide.

Peux-tu lire mes cartes
entre mes yeux
me délier des draps
les luxures odorantes
dans les rides et les riches replis du corps en passage ?

À bord du vaisseau fantôme

La houle berçait nos rêves chargés
une cargaison trop lourde
naviguant les flots convulsifs jusqu'aux rives lointaines et
floues.

Le reflux hypnotise
garde mon esprit en transe
ample mystère caressant la mort sans la craindre
caressant la vie sans l'écraser.

Certain de son destin l'espoir dirige la conscience
ses yeux explorent la scène
dévoilent des personnages
le sabord ricane sa brume épaisse veloutée
remonte à l'aube
baigne nos synergies
nos genoux tremblant de joie et de désir.

Ne cherchez plus à garnir vos coffrets
devenir plus gracieux
plus important.

Nous avons toujours su
que nous sommes voués à d'étranges et féconds destins.

Complainte de la couturière

J'ai perdu le fil des idées qui me décousent
déboutonnant le vieux vagabond de mon bord de jupe
effiloché.

Mécontente de vêtir les modes anti ou pro
j'étoffe des jours entiers aux cols dentelleux douillets
illusoire comme le sommeil exaspérant
qui dissipe les nymphes
comme une morte frôlant mes ruelles de soie trompeuse.

L'aube éclate de rire
et ma démence me rassasie.

Le café est chaud et abondant
l'été
l'hiver
et les autres.

Neptune s'en doutait

Ils pieuvrent et médusent
taches d'encre
poison égaré
brûlures dardantes.

Laissant durer la danse endiablée, Dieu flotte
ne touche pas à terre
passe entre les champs de retrouvailles
où nous démystifions l'étranger et l'inconnu.

L'Autre ne joue plus aux cartes le jeudi soir
ni à la loterie une fois la semaine
ne couche plus du poignet pour coucher avec la fille du
curé
ne tente plus sa chance ni celle des autres.

Être perdant ne figure pas dans son vocabulaire pourtant
illimité.

Il ajuste continuellement ses lunettes
pour mieux brouiller le passé.

Toile à peindre

Le tableau vide
beckons
hypnotise
ensorcelle
guide l'oiseau affolé.

Une main sur le visage transforme en océan de
mouvement
en mutation
l'incarnée
la délirante
la terrifiante et horrible guerre que vous avez léguée à
nos enfants.

Le carnet de sauvetage
les débris
n'allument pas de chandelle
ne désignent pas d'esprit indomptable pour vous
détruire.

Languit le si grand besoin de les consoler
de les rassurer
mais l'île presque déserte où ils ont échoué
est désormais peuplée de désirs insatiables
peuplée d'angoisses jaunes
une jungle d'épouvante où les fauves se déguisent en
feuillage
en feuillage d'oiseaux démoniaques rapaces
picochant nos espoirs
mâchurant notre mouvance.

Voyeuse

L'abeille déshabille les fleurs
pige le nectar du rituel saisonnier.
La poésie déshabille les endurcis
qui la croient maîtresse trop difficile
trop intense
trop exigeante
trop vraie
jouant les imbéciles cloués
évitant l'éclat
ne croyant à rien.

Nos convictions sautent à l'autre bout d'une page
sous la chaleur ondulante d'une plage
comme ces corps allongés
rêvant aux grains de sable
des enfants par milliers pour les siècles à venir.

Mais une feinte symétrie chamaille le rythme
morbidifie l'eau claire
entraîne la sournoise putréfaction rampante
impose des vieux cadavres suppliant
des mendiants lépreux en béquilles.

Elle n'atteindra pas la joviale planète derrière nos yeux.
Elle n'éteindra pas l'étonnement qui habite nos cœurs.

Jean-Philippe

Un brouillard écervelant mijote sans cesse dans ta belle caboche
ton corps éloquent
tu obsèdes les amants qui te posséderaient
malgré l'ennui
malgré le tourment.

La gigueuse

Elle quadrille
elle valse étourdie
elle s'élance dans une vague d'ivresse constante
le fond fourmillant
la rue riche d'odeurs saliveuses
que l'on traverse
qu'on imagine élégante
vêtue à la presse
libre de contraintes
de règles ou de modes
sa démarche fluide
une danseuse au ralenti
ses poses captivantes.

Je regarde par la fenêtre et la rue éclate en sanglots
j'aperçois Vladimir
son expression toujours anxieuse
mal camouflée
ses vagues menaçantes
mélancoliques.

Après le bal

Parce que je serais cosmopolitaine
érudite
psychique
et transmondiale
la tempête éclate seulement après mon départ.
Les insectes butinent ou se mutinent à leur guise
les éruptions volcaniques
la lave qui recouvre la planète
font rire les adversaires de la normalité.

Être intègre
aussi difficile que cela puisse paraître
malgré les autres

zeux.

La peur rongerait-elle comme un rat
l'infidélité interrompue ?
Un délicieux grognement m'échappe
morphinise la réalité malsaine.

J'ose
et j'oserais encore prédire mon avenir
sachant que toutes les anges gardiennes incinérées
ont sué à double temps à mon insu.

Sur les terrains de guerre, il reste les mots maudits
mais je ne laisserai pas de carcasse pour les hyènes
furieuses
ces charognardes furtives qui s'entretuent pour des restes
pourris.

Folie mienne

Stark raving lunacy
impressive madness.

Fermeture éclair
fenêtre sur les paroles d'une guitare bleue
ensevelie dorée.

L'œil euphorique
l'œil de la musique inégale
que je traverse comme des continents
pour aboutir au ventre de la danse.

En transit

Quand la déception s'installe trop confortablement
l'évasion fait ses bagages.

On ne laisse pas de sales pigeons
roucouler indéfiniment sur nos têtes.

Les ligues d'écervelés n'ont pas encore changé d'allure
restent pétrifiés
cimentés à la surface de la vie
ne creusant jamais en profondeur.

Gaspillant l'éternité
morfondant le plaisir de connaître
ils s'abstiennent
vidant leurs distorsions dans l'eau claire de l'amour.

Congé irlandais

Il est un appareil
une ventouse qui ronge l'offrande épaisse
mes artères séduisantes.
Il reste avide
il a un appétit d'éléphant
jamais rassasié
comptant les caresses données
reçues
et qu'on lui doit.

Pour le faire rire je racontais que la parenté irlandaise
avait tenté d'enivrer le cadavre du vieux boiteux
et de le faire danser à la fête d'adieu qu'on lui offrait.

Puis les gendarmes sont intervenus
évidemment.

Fantasmagorie

Épilepsie vermeille
affluent délire
une chasseresse rapide
élusive et fatale comme le destin
fonce à travers la forêt de lianes
pour mieux capter la rhapsodie étrange
dissidente
si bien cachée.

Quel est son nom
d'où vient-elle
irons-nous la rejoindre pour découvrir l'aube étonnante ?

L'exercice continue

Je contemple
tu dépeins
il fournaise
vous êtes des îles
nous sommes des sons
et ils sont des couleurs qu'on n'a pas encore imaginées.

La douleur patine erratique
sur la couche mince de l'esprit méfiant
ne sait pas
elle non plus
réchauffer ou attendrir le dur plaisir de l'autre.

Dédale

Éclairer le passage pour mieux pénétrer dans l'ombre
avec les yeux clairs des fauves
parce que le chien
domestiqué
reviendra au maître qui l'a battu.
Idiot fidèle
si jamais il mord
on l'abat
triste sort des révoltés
une vie de chien
chien perdu dans un labyrinthe maudit qui engouffre
tout.

Voyage interurbain

Le train comme une barque houleuse, me berce au gris matin.
Revoir Montréal, une grande sœur un peu forlaque, émerveillante
qui m'offre un cyclone dans un verre
une tornade dans l'assiette
déclenche l'inondation terrible de mon cœur.

Et la nuit
la nuit chargeante s'empare de moi
intensifie mes parcours
mes trajectoires terrifiantes.

La nuit possédée
la nuit m'appartient
puis
il ne reste qu'à recommencer.

La belle visite

La ceinture fléchée darde
                garde l'énergie vitale
                retient
                maintient le Kundalini
serpent magique qui glisse
du haut en bas
tout au long du large conduit tactile
les sens énergisés.

Tu as réveillé en moi la femme qui danse
tu as ranimé un bourgeon de rose que je croyais flétri
et la fillette et la flamme en moi
vacillent dans une volupté qui veille sur tous mes
lendemains.

La chance
une rencontre
le bref miroir surprenant et sincère
les yeux qui touchent tout dans l'autre.

Je peux reprendre la route.
et la routine ne sera plus banale ou cynique.

Je déploie mes ailes poussiéreuses et voltige
vertige
vibre.

Je bois la musique de ton corps
de ton cœur
pour me gracier.

Le cygne noir

Les images précipitées, synchronisées, surimposées de la fête
les chevaux du manège ne forment pas un cercle vicieux.

Épinglée par ton regard
soudain et certain
tenace et vivace
Houdini m'a glissé une clef.
Les serrures et les chaînes d'inquiétude
ne peuvent plus me retenir
l'eau maussade maudite ne peut pas me noyer
la braise ne peut plus m'écorcher
et je plane
j'ouvre toutes grandes les portes
pour aérer jusqu'au fond des tripes les rêves décousus.

Je peux me peigner de brume et me vêtir de pluie
jamais plus ne terniront mes images.

Des rongeurs grignotent mes pas
mes pas qui frottent les cailloux paresseux des prés dorés
du ruisseau lumineux où le cygne noir
m'enveloppe de ses ailes de nuit chaude
chauds baisers sur mes joues déjà brûlantes
ravivées de joie
et me dépose sur un oreiller de sommeil enfin paisible.

Alvida

Parfois
même la sorcière se perd
perd le fil de ses idées
ses intentions et ses recettes.

Elle respire la lune et le soleil de l'aube
l'habile archet grandit le feu de joie dans son cœur.

Devenue cynique, elle n'avait plus d'envie
maintenant elle défonce les platitudes
retrouve la piste du parcours
la trajectoire de l'iris
et la tendresse de ses pas sur les feuilles superbes.

L'assassin

De temps en temps
l'assassin déterre ses victimes
les renverse
les inspecte.
Comme un stupéfiant, la terreur l'adrénalise.

Contrairement à ce que l'on pense
sa violence n'est pas aveugle
mais raffinée
méthodique.

L'épouvante guide mes jambes
mes pistes fraîches pour ce prédateur
qui ne détraque pas.

L'Égypte à colorier

Les pharaons sommeillent
et le Sphinx rôde ce soir dans les replis du sable
à piéger les passants dans ses énigmes.

Il sait : transformer l'illusion
faire jaillir une fontaine
découvrir l'impossible
rire de bon cœur
dévoiler les monstres tenaces.

Mais la lumière est éteinte sur la voie lactée
il doit retrouver le chemin à tâtons
sinon devenir prisonnier d'une dimension inconnue
navigué par ce vent désertique furieux qui le harasse
qui énerve même l'ermite intouchable juché sur sa
montagne.

Puis tout à coup
le vent quitte la région
ronronne ailleurs
et les flammes qu'il abandonne
restent
pour ronger la peur.

Carole se révolte

Sa fleur magique l'épouvante
le jardin se masque d'ordures pour la contrarier
la boîte aux lettres s'enfuit vers le nord guérisseur
et des légions d'horreurs stationnent devant sa porte.

Carole essaye en vain de se consoler
mais la température la dévore et la nuit
la nuit la surexcite
la solitude la sollicite
ressuscite des adversaires formidables.

Pourtant elle se pense acrobate
à bicyclette sur un échafaud.
Sa passion débridée
ses fantasmes
sa vision cataracte
fracassent l'échine d'un autre navire
transportant le danger
la dynamite
et la mort…

Empâtée
machinale
elle se contente de vérifier   les serrures
                                                            les cadenas
                                                            et ses clefs.

Commères-vipères

Ils parleront de nous
de notre passage cométique
sur cette petite planète minable
minable comme leur vie morbide
ennuyeuse
basking in hollow pleasures
lives like sputem
like hairballs some mangy cat
spat on the threadbare
dusty rug of their existence
après le coup de foudre qu'on aura livré
farouche
sur l'asphalte noir et plat de leur existence.

Ils épuisent l'inspiration.

Le Domaine du Tariquet est une édition contrôlée
et moi je suis sans limite
douée d'un contrôle précaire.

Un ouvrier siffle en travaillant
je reconnais *Für Elisa*
Aznavour chante ses tripes à la vie
tombe dans mon assiette avec d'autres mélancolies
qui m'interpellent
m'embrassent
m'habitent.

La passion me contourne
me grise
provoque un désenchantement rapide
presque létal.

Disjointed and disoriented
(sans joint hors de l'orient ?)
Dépassant un passant inaperçu, le jour flamboie
surcharge et imprègne tout de ses ondes hérissées
un film se déroule
dérape
plie la réalité
la fige en demi-secondes
ouvre une voie de résonance
où quête la jonglerie, la magie, le cirque urbain.

Je suis dans une métropole où l'on parle une langue étrangère
mais c'est moi l'étrange ingrédient dans la soupe cosmopolite.

Harcèle et gratelle

Un carrousel de gingembre suri
écrase le chaton bleu de ma cousine Mweya
détruit leur doux jeu solitaire.

Elle est partie avec les autres
silencieuse et déçue.

Ils sont enfouis dans une goélette mystérieuse et tragique et la houle qui berçait leurs rêves autrefois est devenue désert. La cargaison de promesses s'est transformée en gifle de sang et le désespoir arrache même les pistes des exilés.

Dans l'autobus de safari, mon regard se baigne dans la verdure luxueuse de l'autre côté de la fenêtre. Je renifle l'odeur des fauves, la texture sensuelle et les nuances colorées de la jungle. Tout à coup, un oiseau superbe s'écrase sur la toile solide. Le mur invisible qui nous sépare fracasse nos ailes et met fin à notre belle envolée.

Afrika

Une parfumerie d'images éclabousse
comme la saison pluvieuse.
Kinshasa
mes narines chavirent
la vitesse étourdissante
l'intensité aromatique
un continent à la course dans mon esprit en perdition
les marchés d'odeurs impossibles à oublier
où la seule bombe à craindre
était le vrombissement de mon cœur éméché
où les seuls coups de mitraillette
filaient des regards moqueurs
vibrants
et chauds.

Intrigante évasion

À Jean-Guy Pilon

Guérison
la certitude et l'élan guidé.
L'élan a du flair.

Reconnaître la tragédie sans jamais plus s'asseoir à sa
table
capter l'illusion toujours changeante
riposter au malheur
crier gare aux mégardes volumineuses
rester dans la danse
et n'oublier personne
se plaire
taire le bruit de la déesse folle
l'hallucinante vilenie qui veut tout décapiter
qui veut ligoter le plaisir de nos paroles
freiner la délicieuse délinquance des majeurs.

Coutume évidente

J'oriente
j'europe les îles asiatiques
nord-américanise ma correspondance
et la danse extasie mon corps nu libéré.

J'épuise la chaleur opaque
détruis la glace et les sables mouvants
désespoir charbonné.

Je fracasse les regards suspendus dans le temps
dans l'espace (libre)
leur nulle part éternelle.

J'attends
je peux attendre
l'amour me baigne dans sa lumineuse volupté.

En pirogue dans les bayous

Ton visage dans ma cuisine
ta récolte hantée
supervise
console et habite ce lieu de reprise
où je réserve toutes les conjugaisons
érotiques
étrangères
hypnotisantes.
Tu as prononcé les mots
mes soupirs des hélices dans les eaux houleuses
les lames fouettant de bruine salée ta figure de proue
oblivious or not?

Tu ne ris plus

Dégénère la lune aveugle
accours
donne un sens aux attirails vertigineux.

Du non-sens dont j'ai été accusée
                par des analystes
                catégoristes
                égoïstes
                duellistes
                unilinguistes au parcours tragique
le suicide quotidien les ronge
il faudrait pigouiller leurs cadavres impotents
qui pondent comme eux des formules stériles
tant d'œuvres banales gaspillant les forêts.

Pourquoi donner un sens à mes prières
à mes louanges
au prisme joyeux
qui remplit la montgolfière
m'amène ailleurs
où je suis capable de vivre
                capable de rire?

Ô VÉGÉTARIENS

Si je suis une monstre carnivore
mangeuse d'hommes
je ferais mieux de changer de régime
au risque d'empoisonnement
ou de crise aphrodisiaque.

J'aime une saison apeurante
nébuleuse
j'aime virer jusqu'au matin puissant
abolir les tabous
déchirer les camisoles de force
la démence de Nijinski
désenchantée comme sa nature
comme nos cris dénaturés
qui aiguisent leurs dents
pour mieux percer les peaux molles.

Instantané

Forbidding
for bidding
the heavies are not always who they say we are.

L'ombrage d'un train qui passe au-dessus de ma tête
ronronne comme une ballade méditerranéenne
siffle comme une balle filant tout droit vers mon cœur
jongle avec mes désirs
mes passions éventées
jongle avec mes dimensions
libère mes demains
dompte mes démons.

Mythologie

L'atroce déité
atrophiée par ses mystères
par sa promesse de jours meilleurs
que le tapis magique de nos aspirations
transporte avec un sourire d'Icare
à son destin brûlant.

Prise III

La fière dignité de notre passion tenace
la justesse de nos paroles
transformera plus que le papier.

Planastrale

Pourquoi je me sacrerais dans un vide qui aspire la vie
pourquoi je maudirais, abolirais les copeaux
qui alimentent le brasier
enluminant le doux vertige des mots?

Dans les flammes dansantes
fébrile
j'estime
je vois
j'écoute la musique battre son plein dans mes veines
une splendeur que même la mort n'éteindra pas.

Des esprits voltigent au-dessus de la houle qui brasse
berce mes envies jusqu'aux rives nouvelles
remplit mes voiles
me propulse vers des planètes séduisantes.

Prodiges prodigues

J'ai cherché l'inspiration dans la bouteille
la respiration dans la fumée
tous les mystères évaporés aux matins d'oubli
aux matins trop gris
même sous un radieux soleil
fouillant le fond de la cruche
une autre pilule magique déguise l'ennui
verrouille les fenêtres contre les bandits possibles
les rôdeurs qui grifferaient nos petites vies plates.

Faisons la sieste avant qu'une réalité nous assomme.

Les pas si beaux dimanches

À Gérald Leblanc

Les soirs à t'attendre
nostalgie émeraude
malachite froide rafraîchissant mon cou tendu.

Le mot juste hésite
s'esquive
périlleux et hagard.

Les mots injustes semblent rester toujours.

Puis je pars en croisade
missionnaire des causes inventées
ou perdues
ne m'importent pas
ne m'importunent plus.

Surmenant puis surmontant le délire
délivrant ces écrits rapiéciés
ces idées enfin retrouvées pour la tâche robuste
je sais instinctivement
tourner la tête
faire la pause
dépister le jazz et le blues.

Nos souches réincarnées.

Illuminons l'aigreur

Ne lui permettons plus de maîtriser nos pas
d'exercer un pouvoir tyrannique sur nos cadences.

Arrosons la sécheresse hardie
arrêtons la pendule affreuse
incessante
qui ne nous apprend rien du temps
de son passage discret
qui chasse l'hésitation
l'indécision piteuse.

Mais un jour le temps avait cessé
une carence habitait cette maison maussade
qui m'a retenue dans ses morbides platitudes
ses croyances infirmes louchant mon regard.

Je l'ai enfin quittée.

Joie et plénitude sont parties avec moi.

Ceci n'est pas un conte de fées

Le cœur se souvient
veut revivre ses grandes découvertes.

La lumière brille-t-elle si claire
si nette
si pure
dans les yeux aussi ?

Où sont les passions animales
chevaleresques enjambées
nourrissant d'absolu et regorgeant d'infini la faim et la soif ?

À grands coups de plume
je libère mon essence du donjon putride
qui réduirait en coquillages d'échos
ce gîte solitaire.

Ton violon

L’évier déborde, l’eau froide rassasie et choque
elle se cache prête à bondir du puits de passion
logé dans la terre somnolente
elle attend
elle entend le dragon fou qui l’attire et l’invite
comme un chat toutes fibres tendues
les cordes du violon bandées à mordre ma folie
l’archet vivant
tu joues
ah tu joues
ma danse en feu
folles extases époustouflantes.

Les belles taweilles

À Carmelle et Monique Malenfant

Regardez en plein jour la prospérité
à chaque matin
convoquez
provoquez
inspirez le soleil
qui colore vos nuances
vêtues d'intentions
d'inventions
vos cœurs éloquents
vos sourires abondants.

Personnages

Les signaux qu'on croit lire dans les yeux des autres
les platitudes grinçantes
les obligations sociales.

Ils ne se laissent jamais faire
se plaisent à tout confondre avec leurs mirages
tordant la vérité pour l'entendre crier
pinçant la beauté pour la voir gémir.

Estropiés
des fourmis dans la tête
des tarentules dans l'âme
le cœur moisi
ils nous piétineraient comme des insectes
avec leur jugement final.

Agathe s'affiche

À Martin Pître

Elle n'attend plus
et au fur et à mesure que la clarté regagne ses yeux
ses yeux embrouillés de voyage étourdi
l'effort met tout au ralenti
encadre sa photo.

Bougeant à peine.

Le si grand besoin de te garder en mémoire.

Avis dans le Tournebride
Répression de l'ivresse publique

Plus facile d'être menuisier ou garagiste que poète
livré à des batailles insensées
aux nuits rapaillées
raccommodées, rapiécées, vidées
égarées comme le fil des idées
courtepointes et fines prouesses.
La tête trouée se remplit, se vide, cisaille
rembourrée de conflits, de mémoires
espérantos culbutants.
La veille révise les paroles à peine lisibles à l'aube
balivernes, tendresses oubliées
regards questionneurs, regards joueurs
conversations interminables.
Jean-Marie et la jolie patronne
Olivier qui flexe des yeux d'orages
l'exubérance d'une soirée délicieuse.

Éclosion

Tout à coup, j'ai vu tes mains surimposées sur mes mains
les mains fébriles de notre sœur disparue.
Ma forteresse d'illusions meublée de vagues espoirs
s'effondre en château de sable emporté par les vagues
me dissout dans une tendresse que j'avais oubliée
transforme les abruptes falaises
éclaire avec finesse les étrangetés lugubres.

Tu transites en pas de deux sans faire peur à personne
transis la nuit tactile de l'hiver.
Follement amoureuse d'un épais sentier de glace
tu dégivres la course pour l'escapade
la danse liquide figée
glace émancipante qui promet une beauté de printemps pour ton été
le bruyant dégel dévergondant.

Martin Langlois

Lorsque je déjeune en tête à tête avec moi-même
suis-je seule ?

Celui-là traîne encore sa carcasse
son armure épouvantée
l'usure, évidemment.

Moi, je gourmande
frise les excès et frôle le non-sens
abuse.

Other partnerships and foregone conclusions
plenty of plenitude and planetary adjustments.

Everlastinglongings.

Tom Waits
et je t'attendrai
aussi impatiemment que possible
because forever isn't an eternity
it isn't even close.

Aux sœurs des certitudes

L'essaim fulminant
ravie au lit
où ailleurs
peu importe l'heure signalée
le temps n'existe plus.

Convaincue

La leçon à apprendre est une faim qui surpasse
l'intensité du vent accentue la soif
dessèche le grand gosier
ouvre toutes grandes mes jambes pour laisser vaguer
l'océan chaud
l'immensité des côtes inconnues
où j'atterris en cosmonaute effarouchée
son panorama d'accueil
ses bras langoureux
une oasis au milieu d'une planète incertaine.

Bénir les autres qui nous maudissent
visiblement et invisiblement
transparemmment
attendrir nos médiations
épanouir la méditation
être *tough*
ça endurcit.
Marcher, danser ses *blues away*
largeur les amarres du sexe.
L'horizon me perd noyée dans le soleil
l'émoi court-circuité.

Grounded at last
land appears miragically.
Disillusions of grandeurizations and libations too delirious
to mention
even here with you
present, past and future
tenses relieved
relived
and finally forgotten.

Les Bédouines

Évocatrices de sensations
d'impressions musicales fulgurantes
turbulentes
flagrantes
délivrez nos têtes poivrées de doute ravageur
traînant l'ancre au fond des mers boueuses profondes
étouffant les bons souvenirs devenus épaves inutiles.

Les outils de l'avarice rouillent et
salissent l'humour de l'amour.

À travers ce mâcheux miasme
la révolte nourrit
justifie ses clairvoyances dangereuses.
Elle n'est pas l'esclave en laisse
étranglée au bout d'une crainte d'acier
hurlant son emprisonnement total.
Elle démaquille le camouflage
enlève le masque fondu sur son cœur
crache une fois pour toutes le venin toxique
se revêt de joie
ravive la palpitante douceur.

Ennoblir son âme

Sortir du cocon
les ailes de l'été
déployées.

L'esprit libre colore les platitudes
s'esquive de l'impuissant bourreau gavé de haine et de vengeance.

Étrange domaine.

Se croire obligé de subir la violence
les affreux silences méprisants.

Névrosé
le picotement dans les mains stagnantes
jointes en prière à quelque divinité distraite
abstraite comme la souffrance
comme si elle importait
comme si le chat du voisin
fouillant continuellement dans nos poubelles
pouvait faire autrement.
Le chasser loin d'ici avec les autres vermines qui fouinent furtifs
laissant leur dédain puant, leurs puces et leur chiure
sur nos gerbes luisantes ?

Je préfère le loup, le tigre et le dragon.
Ont-ils déjà disparu ?

Magie printanière

Cette autre lune de mai débarrasse
ouvre le chemin
m'épuise doucement
l'énorme éventail toupille en moi
ne décolore pas de chagrin la sorcellerie
qui se promène
qui me promène.

Les artistes

Nous œuvrons comme des bêtes
méprisées par ceux qui se prennent pour nos semblables
et à qui on ne veut vraiment pas ressembler.

Ils nous croient méconnus
incompris
ils ont raison
mais en général, ils généralisent
catégorisent
leur vie plate dont personne ne se rappellera
embourbée dans l'ignorance.
On chassera vite sous les tapis leur poussière miteuse
quelques idées charognardes
empruntées des écumeuses de rage
glissant sous nos pieds rebelles
qui foulent des motivations minables.

Faudrait s'apitoyer sur eux
mais leurs meuglements éliminent les raisons
décrochent les bons danseurs.

Leurs orbites vogueront toujours dans d'autres galaxies.

Glove the touch
feed the fear
enter the demon trouble.
Numb the pain
shroud the grief
exit the loving struggle.

Merci

À Robert Kortgaard

Sans le savoir
Tu m'as guérie
tu as calfeutré mes ailes décousues
berçant dans tes bras soyeux
mon esprit depuis trop longtemps en vol
trajet migratoire des continents interminables.

Je suis mystifiée
enchantée
éveillée.
Tu m'as retenue et guidée à la fois.
Je n'entends jamais assez
ni trop ta musique.
L'émerveillement bouillonne
la grâce touche les êtres qui fusionnent
l'ensemble méditatif à l'enlacement
et comme un lasso
comme un filet
ton piano magique vocal me happe par la taille
me transforme
me transcende.

Aux salons

La fureur de dire
une lune chavirée de novembre sauvage
(let her excavate a few spirits)
des esprits maraudeurs chatouillent ma mémoire
cambriolent mes recoins les plus secrets
que je croyais si bien gardés.

Seeking solace
quêtant le soleil pour me chauffer
cherchant ton soleil pour m'élancer.

Sur la baie des grands vents

À plein voile dans le vent du large, mon frère
nous continuons à naviguer.
Tu es désormais à mes côtés dans le grand voilier blanc
guidant mes trajets
altérant mes choix dangereux
        je connais la cause
        je vis les effets.

La sève de la mer au bout des lèvres me manque
me manque comme les érables au bout d'un hiver
assoiffé.

Amène à mes tiges la promesse
d'une autre
plus belle saison.

En ligne pour l'infini

Les lois et règlements
inférieurs à ce qui importe vraiment
les jeux maudits
qui nous mènent comme du bétail
à l'abattoir des carnivores insatiables
bloquant la lumière.

Pourtant la détente assouplirait la corde raide qui les retient.

Marguerite

Puis tout à coup
tu es là
parmi les nombreux fantômes
qui se promènent
dans l'aéroport magique
monstre illuminé.

Maman
allons-y à Paris
mystérieuse effarée
gigantesque et friande.
Nous gourmanderons avec elle
plaisirs et délices
jouissance des sens
et plus encore.
Plus que le corps éphémère et douillet que tu as quitté
plus que le regret, le chagrin qui t'ont vue rêver.

Il me reste l'éternité pour t'aimer.

Lucien

Les vitraux de la vieille église vibraient
ta voix de Caruso chantant l'âme
le cœur à la vie puissante qui te possédait.
Tout en moi s'exaltait en toi
tes chansons d'amour et de louange
vaste exubérance
passion débordante
dépenturée.

Incapable de transition
tu es tombé de dos dans le vide accueillant
ses bras grands ouverts comme ta folie.

Nous serons capables à ta place de remplir les pages
abolir les lois
éviter les débâcles.

Les miettes de rêve dont l'oubli trouble encore l'aube
éveillée.

La gelure on la connaît

Aussitôt menacé
le coquillage se referme
son mutisme final
la froideur scalpèle la respiration
coupe l'oxygène
atrophie.

Je prends pourtant toutes mes allures
depuis que je sais que l'usure polit
ramollit la dure cuirasse
atténue l'entêtement.

Une tendresse m'habite peu à peu
amincit les doublures d'une carapace
flagellée par le temps des autres
par le manque de mire.

L'absence
fabulation doublée de bonté divine.

Alignés en pèlerins sacrilèges épanouis
nous oscillons
ascendons
descendants nomades à la recherche de fraternité
dans ce désert sans fin
sans pareil.
La confiance que le printemps et l'été reviendront
tiendront tête à l'hiver tenace emmitouflé
son velours blanc brillant cassant les yeux.

Dévorant ce lieu sacré
le feu de forêt s'esquive des pompiers fous d'ambition
de vaincre, d'anéantir.

Mais dans le calme de cette saison
comme dans le rêve
l'inattendu est la seule réalité.

Manège *up tempo*

Dévergondée à force de jouer dans le cirque ambulant
je suis hébergée dans un demi-monde
qui réflète ce qui importe vraiment
son jardin invitant, opulent.

Je l'ai entendu dire « quel monde merveilleux »
et j'ai hâte maintenant.
Nous sommes des minuscules partitions
d'une composition sans fin
une fugue ancestrale astrale
optimiste et orgueilleuse
qui éclate
virevolte.
J'ai encore des rêves à éveiller
à devenir
oui, mes rêves comme le jazz qui semble décousu
mais qui contemple serein la valse fluide
réinventant la musique et les sens éternels.

Au bord du précipice

À mes sœurs Lucienne, Jeanne, Louise et Dyane

Je vous guette
Je guette vos pas qui approchent et
ensemble nous sautons dans le vide
sans taxer d'autres légendes féeriques.

Planons au-dessus du néant
distanciées enfin des passés méfiants.
Mes sœurs
la vie prodigieuse nous offre une lueur grandissante
consume les vieilles dévastations
éloigne les échecs d'antan
réduit en cendres les promesses d'ivrognes
adoucit la guérison et le renouveau.

Le réveil si palpable
si proche
est possible.

Choix de jugements

Requiem en saule pleureur

Ce livre émouvant, c'est plus un cri de détresse qu'un chant de souvenirs, d'autant plus troublant lorsque le lecteur est conscient des deux drames personnels qui ont été le moteur de cette énigme.
La poésie est ici aussi lugubrement belle, dure et vibrante que la voix grave de l'auteure ; dans l'une comme dans l'autre résonne toujours, malgré tout, une note d'espoir et de tendresse.

Martine Jacquot, « *Requiem pour un [sic] saule pleureur :* Exorciser le passé », *Liaison*, été 1987

[C]e qui attire l'œil particulièrement ici c'est la capacité de narrativité, la création d'un microcosme social, humain et géographique qui vibre sur la page sans artifices, ni prétentions.

Caroline Bayard, « La relève poétique en Acadie ? », *Lettres québécoises*, n° 45, printemps 1987

[N]ous y retrouvons déjà, clairement exprimées dans un style très personnel, les préoccupations chères à l'auteure et ses idées maîtresses qui lui mériteront la reconnaissance de ses pairs ainsi que l'attribution du prix Antonine-Maillet / Acadie Vie en 2001 pour son recueil *La vie prodigieuse* (2000).

[...]

Rose Després utilise un français normatif, parfois recherché (« nizéré » et « parésie », par exemple). Toutefois, elle exerce sa licence poétique en insérant quelques perles néologiques, créant, entre autres, les verbes « confettifier » ou « champignonner ». [...] Et, bien que l'auteure n'ait pas tendance à glisser vers l'alternance codique ni à avoir recours au chiac, quelques rares passages existent où l'anglais, écrit cette fois en caractères réguliers, est utilisé pour son effet stylistique, comme en témoigne l'extrait suivant : « Parce que l'hiver, l'hiver comme un white-out, un wipe-out figé avec la glace du matin, / la neige reste / et reste ». [...] Després sait surtout capter et rendre des émotions saisissantes dans une langue très imagée, non dépourvue de lyrisme.

Lise Gaboury-Diallo, *Dictionnaire des œuvres littéraires de l'Acadie des Maritimes*, Éditions Prise de parole, 2012

GYMNASTIQUE POUR UN SOIR D'ANGUILLES

Elle heurte, la poésie de Rose Després, elle se déchaîne comme une mer d'automne. Elle se brise en mille fracas comme autant de douleurs qui éclatent sur les rochers.

[...]

Elle est dure, cette poésie, elle grince, elle se lamente. Les images sont lourdes, l'atmosphère est suffocante. Si je ne peux pas dire que les textes sont beaux, je peux par contre affirmer qu'ils sont vrais. Les phrases se heurtent comme se heurtent les vies, comme se fracassent les émotions. Le vocabulaire exprime cet univers en proie à la lutte que se livrent espoir et désespoir, les mots de la désespérance l'emportant en nombre mais ceux de l'espérance orientant le sens de la démarche. Car, malgré tout, la vie renaîtra de cette mort [...]

Une lecture douloureuse, comme l'est fondamentalement l'expérience humaine.

David Lonergan, *L'Acadie Nouvelle*, 9 mai 1997

La vie prodigieuse

La personnalité radieusement combative de Després ne se volatise pas dans l'écrit. Ses poèmes nous montrent une femme qui se construit à chaque instant dans son inaliénable liberté, à partir de situations qui viennent à chaque moment modifier les résidus des choix présents. La fureur, les sarcasmes, la souffrance et la révolte gravitent autour de l'obsession de l'autre. [...] Un *je* vibrant et attachant s'arme contre un *tu* repoussant et repoussé, parfois élargi à la collectivité embourbée dans un certain passé. Toujours, la revendication de la liberté et de l'autonomie créatrice commande l'enchaînement des poèmes, et Després s'y fait souvent provocante et sans pitié [...].

[I]l y a dans ce recueil une merveilleuse volonté de trouver dans le poème une route qui mène vers soi avec pour seule règle l'authenticité, l'intégrité : « Nous avions tellement hâte / nous voulions hâter la course / raccourcir le temps pour arriver plus vite à nous »

Jocelyne Felx, « La soif heureuse : Des énergies du mouvement à la pause pensante », *Lettres québécoises*, printemps 2001

[...] *La vie prodigieuse* de Rose Després exprime avec force et rigueur la libération de l'être par la poésie et pour la poésie. [...] L'invention d'un langage tout à fait personnel qui bouscule la syntaxe, transforme le vocabulaire et renouvelle les images n'apparaît jamais comme un artifice, car elle découle de l'affirmation du caractère irréductible de la poésie et imprègne ces textes d'une profondeur, d'une émotion et d'une sincérité qu'on ne peut jamais mettre en doute. Une poésie lumineuse!

Jury, Prix Antonine-Maillet / Acadie Vie

L'invention d'un autre langage n'est pas ici un artifice poétique mais une nécessité vitale qui découle de l'opposition radicale entre l'univers poétique et l'univers commun.

Raoul Boudreau, « Stratégies de reterritorialisation de la langue dans *La vie prodigieuse* de Rose Després », *Littératures mineures en langue majeure*, Les Presse de l'Université de Montréal, 2003

Le poème «*Al dente*», comme une envie de mordre à pleines dents, est un bon exemple de cette poésie qui grimpe aux plafonds: «Chez nous ça rage / le vent sile à travers les murs / et les plaques de courants électrifiés. / Les courants d'air s'inventent des manières / les idées chauves-souris vampires guettent la nuit / grimpent et s'agrippent au plafond / comme des chats frénétiques.» (p. 40) Cette «passion débordante dépenturée» (p. 115), comme l'exprime encore la poète, est la force qui disloque la langue en «enluminant le doux vertige des mots» (p. 91), elle est le feu qui fond et fusionne les pièces dispersées du poème.

Raoul Boudreau, « Stratégies de reterritorialisation de la langue dans *La vie prodigieuse* de Rose Després », *Littératures mineures en langue majeure*, Les Presse de l'Université de Montréal, 2003

Acadienne engagée, très active dans les milieux artistique et culturel de Moncton, Després offre à ses lecteurs une poésie imprégnée de vitalité passionnée. Son titre [*La vie prodigieuse*] évoque bien la thématique abordée dans l'œuvre, puisque les affres et les joies de l'existence humaine sont présentées dans un kaléidoscope d'images reflétant une variété de réalités. Tantôt étonnantes, tantôt familières, ces scènes de vie quotidienne cherchent à susciter des émotions vives et ne laissent pas les lecteurs indifférents. La fougue mordante et la véhémence expressive des poèmes ne font que s'amplifier avec chacune des trois parties du recueil, toutes d'une longueur similaire et intitulées respectivement « Prise I », « Prise II » et « Prise III ».

Le voyage entrepris semble a priori circulaire, puisque le lecteur s'engage dans une trajectoire en spirale. En effet, Rose Després passe du personnel au planétaire, puis revient au particulier pour ensuite déboucher sur l'universel, puis revenir au point de départ. Chaque poème s'inscrit dans une progression lente mais irrévocable vers un élan difficilement acquis et vers le cœur du problème. La conscientisation de la narratrice s'affine au fil des pages, lui permettant d'aboutir à cette « lueur grandissante » qui rejaillit comme l'étincelle de la vie. Quand la narratrice conclut : « J'ai encore des rêves à éveiller », nous savons qu'une étape importante a été franchie.

Chez Després, la parole révèle la force d'une langue poétique innovatrice qui génère une énergie libératrice. Ainsi, ses mots « pieuvrent et médusent », « bourrasquant » notre vision du monde. Le lecteur se voit happé par une véritable richesse linguistique, le français standard s'enrichissant de néologismes et d'expressions colorées et originales qui côtoient aussi parfois l'anglais.

L'appropriation créative du vocabulaire, les stratégies de reterritorialisation de la langue permettent à la narratrice non seulement de transcender son état en assistant à sa propre renaissance, mais aussi de participer à sa propre réinvention. De plus, comme « [l]e tableau vide / *beckons* », l'écriture de Després invite les lecteurs à se laisser séduire par la magie des mots, pouvoir qui les « hypnotise / ensorcelle / guide », puisque, selon l'auteure, « le réveil si palpable / si proche / est possible » et chacun peut participer à sa propre renaissance.

Lise Gaboury-Diallo, *Dictionnaire des œuvres littéraires de l'Acadie des Maritimes*, Éditions Prise de parole, 2012

Le lecteur, lisant les recueils à la suite, a nettement l'impression d'assister à la naissance d'une écriture (et d'un poète), du désengluement amniotique à l'affirmation de soi, en passant bien sûr par le dressage difficile du corps et les mille et un tumultes de la prise de parole. Spectacle exemplaire s'il en est, affirmant les modalités de l'ordre et de la forme sur celles du chaos, les réalités connexes de l'ouverture et de la liberté sur celles de l'étroitesse et de l'asservissement.

Maurice Raymond, « *La vie prodigieuse* de Rose Després », *Éloizes*, n° 30.

[L]angue précise, travaillée, autant au niveau du vocabulaire que de la syntaxe [...] ; vers solides, rythmiquement sûrs ; sens de la chute et de l'effet tragique ; vigueur du souffle ; assurance du ton. Par ces caractéristiques et par la pureté exemplaire de son lyrisme, *La vie prodigieuse* de Rose Després se classe d'emblée parmi les œuvres les plus stimulantes de la jeune littérature acadienne.

Maurice Raymond, « *La vie prodigieuse* de Rose Després », *Éloizes*, n° 30.

Biographie

1950 Rose Després est née le 7 avril 1950 à Cocagne, en Acadie. Comme ses trois sœurs aînées, en neuvième année, elle entreprend des études collégiales, qu'elle abandonne en onzième année. Elle terminera l'école secondaire à Cocagne en 1968.

1965? Adolescente, elle se familiarise avec la poésie: « J'ai commencé à écrire très jeune. Mon père d'ailleurs était poète. J'ai également deux sœurs qui écrivaient de la poésie et ça m'a beaucoup incitée à utiliser l'instrument de l'écriture. » (*Le Matin*, 25 septembre 1986).

1966-1967 Pendant deux étés, elle est danseuse à gogo à Moncton; elle gagne 30 $ pour danser les vendredis et samedis soirs tandis que, chez sa tante à Cocagne où elle faisait le ménage une journée entière, elle gagnait 4 $. Avant cela, elle pêchait des coques pour se payer les fins de semaine de danse à la salle Albert-Léger de Cocagne et à Léo's au Cap des Caissie.

1968 Elle s'inscrit à l'Université de Moncton à l'automne. Elle fait partie du groupe de contestataires qui « occupent » le campus. Elle y rencontre plusieurs intervenants de la scène culturelle.

1969 Elle passe l'été 1969 à Toronto, à travailler dans la cantine d'un cinéma. Avec d'autres jeunes venus passer l'été à Toronto, elle y vit la vie de hippy et savoure pleinement la scène musicale internationale, qui accueille les grands noms en musique canadienne, américaine et britannique. • À son retour à Moncton à l'automne, c'est l'aventure et la révolution qui l'intéressent davantage que l'université où elle s'est inscrite. Elle part avec un compagnon à Cuba pour revenir au Canada quelques semaines plus tard.

1970? Elle s'installe à Toronto où elle travaille pour différentes entreprises : modèle pour le magasin catalogue de Sears, assistante-caissière dans une banque et surtout assistante-photographe au studio audiovisuel Creative Sight and Sound.

1971 Elle revient en Acadie et brièvement aux études à l'université.

1972 Durant l'été, elle est animatrice dans le cadre d'un projet d'été dirigé par le « Cercle littéraire la Sagouine » et participe à la publication d'un numéro spécial de la *Revue de l'Université de Moncton* consacré à la « jeune » littérature acadienne. C'est à ce moment-là qu'elle se rend compte que la poésie, qui faisait partie de son enfance, continue d'accompagner et d'alimenter son quotidien. Elle part avec ses collègues poètes en tournée provinciale d'activités poétiques.

1972-1974? Elle poursuit bon gré mal gré des études littéraires, mais elle n'est pas studieuse. La vie de bohême et l'aventure l'interpellent. Elle quitte l'université et s'installe à la Maison Jaune au Cap de Shédiac, où elle se met à écrire. Elle travaille brièvement comme serveuse au bar Cloud 9, à Moncton.

1974-1978 En 1974, elle rencontre David, son futur mari, qu'elle avait croisé à Toronto en 1969, et elle part vivre avec lui à Saint-Jean puis à Petitcodiac pendant cinq ans. Ils ont un enfant, Sarah, qui décède, puis c'est David qui meurt en 1978. Ces deux décès seront à la base de *Requiem en saule pleureur* et de *Gymnastique pour un soir d'anguilles*.

1979 De retour à Moncton, elle travaille comme animatrice à la Convention nationale des Acadiens, occupe quelques autres emplois à temps partiel et participe à des projets de recherche universitaires.

1980- Elle adhère à l'Association des écrivains acadiens et en devient une employée à temps partiel, puis la secrétaire-trésorière. Elle en assumera la présidence en 1985.

1981 En mars, elle participe au spectacle de poésie *Acaditout/le Grand Dérangement* à Montréal avec les poètes acadiens Dyane Léger, Raymond LeBlanc, Melvin Gallant, Gérald Leblanc et Herménégilde Chiasson. • Elle publie ses premiers poèmes dans le numéro d'automne 1981 de la revue *Éloizes*.

1982 Son premier recueil, *Fièvre de nos mains*, paraît aux Éditions Perce-Neige de Moncton en avril.

1982-1984 Elle s'aventure dans le domaine de la chanson comme musicienne, interprète et compositrice au sein des groupes Maschcoui (1982-1983) et Kyzem (1983-1984), puis dans le théâtre comme comédienne dans *Mokinpott* (1982), *Malparti Danlavi* (1983) et *Le pique-nique* (1984), trois productions du Théâtre amateur de Moncton.

1983-1986 La poésie la mène au Zaïre (1983), en Louisiane (1985), en Belgique (1985), en France (1986) et en Colombie-Britannique (1986) dans le cadre de différentes tournées avec des écrivains acadiens.

1986- Elle publie en septembre son deuxième recueil, *Requiem en saule pleureur*, aux Éditions d'Acadie de Moncton. • Toujours en 1986, elle rencontre un homme et s'installe à l'extérieur de Moncton avec lui. Elle deviendra garagiste pendant plus de 10 ans. Durant cette période, elle abandonne l'art, la culture et tout ce que cela peut représenter et signifier pour elle avant de se rendre compte, progressivement, qu'elle ne peut vivre sans l'art et la culture : « Je sombrais de plus en plus dans un néant épouvantable. Il m'a fallu être près du trépas de l'énergie créatrice pour me propulser définitivement dans le métier d'artiste sans quoi j'avais failli me perdre irrévocablement et qui, une fois pour toutes, me confirmait ma raison véritable de vivre. » (Courriel du 2 mai 2012 à David Lonergan)

1991- À partir de 1991, elle publie quelques rares poèmes dans des revues, poèmes qui annoncent le prochain recueil, *Gymnastique pour un soir d'anguilles*.

1997 *Gymnastique pour un soir d'anguilles* paraît aux Éditions Perce-Neige.

1999 Elle revient s'installer à Moncton avec sa fille Nathalie, alors âgée de 5 ans. • Elle soumet une demande de reconnaissance des acquis, que l'Université de Moncton accepte, et elle s'inscrit aux études à la maîtrise en création littéraire. Elle a l'intention de produire un premier roman, *Élia des rêves*. Elle complète sa scolarité mais abandonne le projet d'études en 2009, insatisfaite de l'ébauche du roman.

1999- Elle occupe divers emplois : recherchiste, consultante, enseignante de français langue seconde au secondaire, traductrice, et chargée de cours à l'Université de Moncton à partir de 2005.

2000 Grâce à une bourse de création littéraire obtenue en 1999 du Conseil des arts du Canada, elle se lance dans l'écriture de ce qui deviendra *La vie prodigieuse*, qui paraît aux Éditions Perce-Neige en 2000. Le recueil lui vaut le prix Antonine-Maillet / Acadie Vie.

2000- Elle participe à titre de poète invitée à de nombreuses manifestations culturelles au Nouveau-Brunswick, dans différentes provinces canadiennes, en Belgique, en France et en Allemagne et publie dans différentes revues.

2009 Après un silence de 9 ans, elle publie *Si longtemps déjà* aux Éditions Prise de parole, de Sudbury, recueil qui lui vaut le prix Éloizes en littérature.

2010 Elle entreprend un baccalauréat accéléré en traduction, qu'elle termine en avril 2012.

Bibliographie

Œuvres

Fièvre de nos mains, poésie, avec des dessins de Louise Després-Jones, Moncton, Éditions Perce-Neige, 1982, 60 p.

Requiem en saule pleureur, poésie, Moncton, Éditions d'Acadie, 1986, 52 p.

Gymnastique pour un soir d'anguilles, poésie, Moncton, Éditions Perce-Neige, 1996, 46 p.

La vie prodigieuse, poésie, Moncton, Éditions Perce-Neige, 2000, 119 p., prix Antonine-Maillet / Acadie Vie.

Si longtemps déjà, Sudbury, Éditions Prise de parole, 2009, prix Éloizes.

avec Henri-Dominique Paratte (coordonnateurs), *Poésie acadienne contemporaine / Acadian Poetry Now*, anthologie, Moncton, Éditions Perce-Neige, 1985, 235 p.

Textes publiés dans des revues

Poésie et prose

« Arbitrage des voies à sens unique », *Éloizes*, n° 4, automne 1981, p. 73, [repris dans *Requiem en saule pleureur*].

« Le propos de Mélusine », *Éloizes*, n° 4, automne 1981, p. 74, [*Requiem en saule pleureur*]

«À propos du verbe être», *Éloizes*, n° 5, printemps 1982, p. 41.
«Assis-debout», *Éloizes*, n° 5, printemps 1982, p. 42-43, [«Assise debout», *Requiem en saule pleureur*].
«Pour un sigle éphémère», *Éloizes*, n° 6, automne 1982, p. 11-12.
«Sang fin sans faim», *Éloizes*, n° 6, automne 1982, p. 13.
«On a contrarié les dieux», *Éloizes*, n° 7, printemps 1983, p. 91-92.
«À incinérer les quasi-réels», *Éloizes*, n° 9, printemps 1984, p. 22.
«La fiction et la friction», *Éloizes*, n° 9, printemps 1984, p. 23, [*Requiem en saule pleureur*].
«Cordon Blues», *Éloizes*, n° 9, printemps 1984, p. 24.
«Lip sinc», *Éloizes*, n° 9, printemps 1984, p. 25.
«À mordre le présent», *Éloizes*, n° 16, printemps 1991, p. 51-52, [*Gymnastique pour un soir d'anguilles*].
«Chère Lina», *Éloizes*, n° 18, printemps 1992, p. 9-10, [*Gymnastique pour un soir d'anguilles*].
«Revenant de voyage», *Éloizes*, n° 19, printemps 1993, p. 63, [*Gymnastique pour un soir d'anguilles*].
«Au cirque du nouvel âge», *Estuaire*, n° 78, août 1995, p. 29, [*Gymnastique pour un soir d'anguilles*].
«Espagne *or bust*!», *Estuaire*, n° 78, août 1995, p. 30, [*Gymnastique pour un soir d'anguilles*].
«Comatose», *Estuaire*, n° 78, août 1995, p. 31, [*Gymnastique pour un soir d'anguilles*].
«Théâtre 1», *Estuaire*, n° 78, août 1995, p. 32, [*Gymnastique pour un soir d'anguilles*].
«C'est-y parce que vous comprenez mal l'anglais», *Europe*, n° 853, mai 2000, p. 194, [*Gymnastique pour un soir d'anguilles*].
«Les fous sont beaux», *Europe*, n° 853, mai 2000, p. 195, [*Fièvre de nos mains*].
«Parfois j'ai le goût de m'embourber», *Europe*, n° 853, mai 2000, p. 195, [*Fièvre de nos mains*].
«Dédicace à Gérald Leblanc», *Éloizes*, n° 30, 2e trimestre 2001, p. 64.
«Dédicace à Raoul Boudreau», *Éloizes*, n° 30, 2e trimestre 2001, p. 65.

Essai

« Ruptures et continuité : l'écriture acadienne », *Écrits du Canada français*, n° 52, 1984, p. 150-151.

Textes de Rose Després publiés dans des ouvrages

« Désenlignons-nous… les uns des autres… », dans *Les cent lignes de notre américanité*, actes du colloque tenu à Moncton du 14 au 16 juin 1984, Moncton, Éditions Perce-Neige, 1994, p. 65-67.

Textes publiés dans des anthologies

« On se croit à l'abri » [sans titre, *Fièvre de nos mains*], dans Melvin Gallant et Ginette Gould, *Portraits d'écrivains*, Moncton, Éditions d'Acadie / Éditions Perce-Neige, 1982, sans pagination.

« Janvier » [sans titre, *Fièvre de nos mains*], « Le soir défonce » [sans titre, *Fièvre de nos mains*], « La marée définit » [sans titre, *Fièvre de nos mains*], « Le boxing des hallucinants », « Sonate primitive », dans Rose Després et Henri-Dominique Paratte, conception et coordonnateurs, *Poésie acadienne contemporaine / Acadian Poetry Now*, Moncton, Éditions Perce-Neige, 1985, p. 88-99 [les textes sont donnés en français et en anglais].

« Yeux louches du départ » [sans titre], « Au macabre matin » [sans titre], « Son visage serein » [sans titre], « Un roi de pique » [sans titre], « En camisole de force » [sans titre], « Je veille une nuit de menaces » [sans titre, *Fièvre de nos mains*], dans Gérald Leblanc et Claude Beausoleil (directeurs), *La poésie acadienne 1948-1988*, Trois-Rivières et Pantin (France), Écrits des Forges et Le Castor Astral, 1988, p. 100-103.

« Cantique à la lumière », « Au port astral » [*Requiem en saule pleureur*], « Elle croit entendre » [sans titre], « Un roi de pique » [sans titre], « En camisole de force » [sans titre], dans Fred Cogswell et Jo-Ann Elder, (directeurs), *Rêves inachevés*, Moncton, Éditions d'Acadie, 1990, p. 81-83.

« Femmes de pluie » [sans titre, *Fièvre de nos mains*], « C'est un grand miroir ondulé » [sans titre, *Fièvre de nos mains*], « À tous les anciens tableaux » [sans titre, *Fièvre de nos mains*],

« Derrière un poêle en émail vert » [sans titre, *Requiem en saule pleureur*], « Je fixe la gymnastique de nos formes » [sans titre, *Requiem en saule pleureur*], « Sursaut des limbes » [*Gymnastique pour un soir d'anguilles*], « À mordre le présent » [*Gymnastique pour un soir d'anguilles*], dans Gérald Leblanc et Claude Beausoleil, (directeurs), *La poésie acadienne*, Moncton et Trois-Rivières, Éditions Perce-Neige et Écrits des Forges, 1999, p. 106-110.

« Arbitrage des voies à sens unique » [*Requiem en saule pleureur*], « Je fixe la gymnastique de nos formes » [sans titre, *Requiem en saule pleureur*], « Bagnoles usagées » [*Gymnastique pour un soir d'anguilles*], « Valises à la main » [*Gymnastique pour un soir d'anguilles*], « Dédale » [*La vie prodigieuse*], « Le cygne noir » [*La vie prodigieuse*], « La gelure on la connaît » [*La vie prodigieuse*], dans David Lonergan, (directeur), *Paroles d'Acadie. Anthologie de la littérature acadienne (1958-2009)*, Sudbury, Éditions Prise parole, 2010, p. 191-201.

Rose Després a également publié des textes dans les collectifs suivants, dont un recensement reste à faire : *L'Anthologie de poésie féminine contemporaine*, Paris, 2000 ; *Arcade : Lettres pour prendre l'ère*, nº 49, Montréal, printemps 2000 ; *La revue Rivière/The River Review*, University of Maine at Orono, Maine, 1999 ; *Estuaire*, L'Ombre jaune, Montréal, 1997 ; *Estuaire*, Montréal, automne 1996 ; *Arcade, Belles interurbaines*, Québec, 1992 ; *Mensuel 25*, France, 1986.

Articles sur Rose

Anonyme, « La chronique littéraire », *Rezo*, nº 3, juin 1982, p. 20.

Anonyme, « Recueil de poésie de Rose Després lancé à Moncton », *L'Évangéline*, 8 avril 1982.

Bastarache, Yves, « Compte rendu du recueil *Gymnastique pour un soir d'anguilles* », dans le cadre du cours FRA 4450 [pas de date].

Bayard, Caroline, « La relève poétique en Acadie? », *Lettres québécoises*, nº 45, printemps 1987, p. 43.

Beausoleil, Claude, « Pulsion de dire », *Le Devoir*, 8 mai 1982, p. 26.

Beaulieu, Michel, « Via Moncton », *Livre d'ici*, vol. 7, nº 38, 23 juin 1982.

Bolduc, Yves, « Poésie acadienne contemporaine », *Québec français*, nº 60, décembre 1985, p. 52-53.

Boudreau, Raoul, « Stratégies de reterritorialisation de la langue dans *La vie prodigieuse* de Rose Després », *Littératures mineures en langue majeure, Québec / Wallonie-Bruxelles*, sous la direction de Jean-Pierre Bertrand et Lise Gauvin, PIE Peter Lang, Presses de l'Université de Montréal, 2003, p. 81-88.

Cornière, François de, « Poètes d'Acadie », *Le Dé bleu*, nº 4, novembre 1984, p. 3.

Cossette, Isabelle, « Le prodige de l'écriture. Critique de *La vie prodigieuse* de Rose Després », *Le Front*, 4 octobre 2000, p. 14.

D'Astous, Denise, « Rose Després : On écrit pour être lu », *Le Madawaska*, 14 mars 1984.

Felx, Jocelyne, « La soif heureuse » *Lettres québécoises*, printemps 2001, p. 41-42.

Gaboury-Diallo, Lise, « *La vie prodigieuse* de Rose Després », *Francophonies d'Amérique*, nº 13, 2002, p. 87-89.

Godin, André, « *Gymnastique pour un soir d'anguilles* », tapuscrit, 2 pages [pas de source, p. 113-114].

Gonzague, Louise de, « Després (Rose) », fiche nº 6698, *Nos livres* [pas de date].

Jacquot, Martine, « Entretien avec Rose Després », *Éloizes*, nº 13, juin 1987, p. 44-49.

Jacquot, Martine, « *Gymnastique pour un soir d'anguilles* », *Le Courrier de la Nouvelle-Écosse*, 22 mai 1997.

Jacquot, Martine, « Un second recueil. Rose Després », *Le Ven'd'est*, novembre 1986, p. 13 [texte repris dans *Liaison*, nº 43, été 1987, p. 46, sous le titre « Exorciser la passé »].

Lacroix, Isabelle, « Rose Després et Jocelyne Parent triomphent », *L'Acadie Nouvelle*, 5 octobre 2001, p. 7.

Lacroix, Isabelle, « Variation sur le travail d'écrivain », *L'Acadie Nouvelle*, 12 novembre 1999, cahier Accent acadien, p. 4.

Laparra, Manon, « Champ d'écriture, chant de liberté : la parole combustion dans l'œuvre de Rose Després», *Dalhousie French Studies*, printemps 2003, p. 39-49.

LeBlanc, Mireille, «La poésie de Rose Després», *L'Acadie Nouvelle*, 20 novembre 1997, p. 25.

Lonergan, David, «À la recherche de l'espoir», *L'Acadie Nouvelle*, 9 mai 1997, cahier Accent acadien, p. 6.

Lonergan, David, «La fureur de dire de Rose Després», *L'Acadie Nouvelle*, 15 mars 2001, cahier Accent acadien, p. 6.

Lonergan, David, «La poésie du printemps», *L'Acadie Nouvelle*, 25 mars 1997.

Lonergan, David, «Perce-Neige a 20 ans (4 de 5). 1995-1997: des œuvres qui rayonnent», *L'Acadie Nouvelle*, 1er novembre 2000, p. 23.

Mousseau, Sylvie, «*La vie prodigieuse* de Rose Després. Prise de conscience», *L'Acadie Nouvelle*, 29 septembre 2000, p. 45.

Olscamp, Marcel, «*Gymnastique pour un soir d'anguilles*», *Spirales*, septembre/octobre 1998, p. 15.

Raymond, Maurice, «*La vie prodigieuse*», *Éloizes*, n° 30, automne 2001, p. 95-97.

Royer, Jean, «Notes de lecture. Rose Després, *Requiem en saule pleureur*», *Le Devoir*, 22 novembre 1986, p. C-8.

Thériault, Jeannita, «Rose Després lance son *Requiem en saule pleureur*», *Le Matin*, 25 septembre 1986, p. 11.

Articles dans lesquels on parle de Rose

Bolduc, Yves, «La poésie acadienne», dans *Langues et littératures au Nouveau-Brunswick*, Melvin Gallant, responsable de l'édition française, Moncton, Éditions d'Acadie, 1986, p. 137-162 [sur Rose: p. 157-158].

Boudreau, Raoul et Jean Morency, «Auteurs de l'Acadie du nord et du sud», *Europe*, n° 853, mai 2000, p. 77-184 [sur Rose: p. 183].

Table des matières